ÉTAT
DE LA LÉGISLATION

ANTÉRIEUREMENT

AU PROJET DE CODE RURAL

ET

AU CODE NAPOLÉON.

A PARIS,

DE L'IMPRIMERIE IMPÉRIALE.

1808.

ÉTAT

DE LA LÉGISLATION

ANTÉRIEUREMENT

AU PROJET DE CODE RURAL

ET

AU CODE NAPOLÉON.

TITRE I.ᵉʳ

DE LA PROPRIÉTÉ RURALE CONSIDÉRÉE POUR CHAQUE PROPRIÉTAIRE SEULEMENT.

CHAPITRE I.ᵉʳ

Assolement, Récoltes.

DISPOSITIONS DES LOIS.

L'ASSOLEMENT forcé a été quelquefois protégé par des actes de l'autorité. Il ne fut imaginé que pour laisser subsister des jachères, regardées comme indispensables aux bestiaux.

Loi des 28 septembre - 6 octobre 1791, titre I.ᵉʳ, section I.ʳᵉ « Art. 1.ᵉʳ Le
» territoire de la France, dans toute son étendue, est libre comme les personnes
» qui l'habitent : ainsi toute propriété territoriale ne peut être sujette, envers les
» particuliers, qu'aux redevances et aux charges dont la convention n'est pas
» défendue par la loi ; et envers la nation, qu'aux contributions publiques établies
» par le Corps législatif, et aux sacrifices que peut exiger le bien général,
» sous la condition d'une juste et préalable indemnité.

» Art. 2. Les propriétaires sont libres de varier à leur gré la culture et l'ex-
» ploitation de leurs terres, de conserver à leur gré leurs récoltes, et de
» disposer de toutes les productions de leurs propriétés dans l'intérieur du

» royaume et au dehors, sans préjudice aux droits d'autrui, et en se conformant
» aux lois. »

Sect. V. « Art. 2. Chaque propriétaire sera libre de faire sa récolte, de
» quelque nature qu'elle soit, avec tout instrument et au moment qui lui con-
» viendra, pourvu qu'il ne cause aucun dommage aux propriétaires voisins.

» Cependant, dans les pays où le *ban de vendanges* est en usage, il pourra
» être fait, à cet égard, un réglement par le conseil général de la commune,
» mais seulement pour les vignes non closes : les réclamations qui pourraient
» être faites contre le réglement, seront portées au directoire du département,
» qui y statuera, sur l'avis du directoire de district.

» Nulle autorité ne pourra suspendre ou intervertir les travaux de la cam-
» pagne, dans les opérations de la semence et des récoltes. »

CHAPITRE II.

Parcours et vaine Pâture.

DISPOSITIONS DES LOIS.

QUELQUES coutumes limitaient le nombre des bestiaux que chaque particulier pouvait faire conduire dans les pâturages publics, à ceux de son cru et à ceux
qu'il élevait chez lui pour son usage et sa nourriture. (*Coutumes d'Orléans*,
art. 148; *de Montargis*, chap. IV, art. 2; *de Melun*, art. 313.)

D'autres coutumes défendaient d'y en amener un plus grand nombre que
chaque particulier n'en pouvait nourrir à l'étable, pendant l'hiver, du foin et
de la paille de son cru. (*Coutumes d'Auvergne, de la Marche, et de Solle.*)

Suivant la jurisprudence des arrêts, on ne pouvait avoir qu'une bête à laine
par arpent que l'on possédait dans la paroisse. (*Arrêts des 7 août 1638, 25 mai
1647, 13 août et 9 septembre 1661, 25 juillet 1711;* BOUCHEUL., *sur Poitou*, art. 81.)

Les vaines pâtures étaient les grands chemins, les prés après la dépouille,
les guérets et les terres en friche, les bois de haute futaie, les taillis après la
quatrième ou cinquième pousse, selon la coutume du lieu. (*Orléans*, art. 154;
Lettres-patentes du 11 septembre 1724.)

On ne pouvait mener paître les bestiaux dans les nouveaux chaumes qu'après
un certain temps.

Les habitans d'une paroisse ne pouvaient mener leurs bestiaux sur le finage
d'une autre paroisse.

(5)

Il y avait, néanmoins, quelques coutumes qui admettaient le droit d'entre-cours et de parcours entre les troupeaux des habitans des paroisses limitrophes. (*Sens*, art. 146; *Auxerre*, art. 261; *Montargis*, chap. IV, art. 2; *Melun*, art. 303; *Troyes*, art. 169; *Vitry*, art. 122; *Orléans*, art. 145; *et autres.*)

Le droit de parcours de village en village a été aboli, dans la Champagne et dans le Barrois, par deux édits des mois de mars et août 1769, qui permettaient à tout propriétaire de clore ses terres, prés, champs et autres héritages.

Le seigneur, ni aucun autre habitant d'une paroisse, ne pouvait introduire dans les pâturages du lieu aucun troupeau étranger, soit en vendant ou louant la faculté de pâturer, soit en prêtant son nom, même gratuitement. (*Ordonnance de M.* DUVAUCEL, *grand-maître des eaux et forêts de Paris, du 12 octobre 1768.*)

Une ordonnance du 14 septembre 1733, de M. le prevôt de Carrières, défendait à tous habitans, excepté ceux de Carrières, de faire paître leurs bestiaux sur ledit territoire.

Un arrêt du conseil d'état du roi, en date du 6 décembre 1759, faisait défenses à tous pâtres et conducteurs de bestiaux de les conduire en pâturage ou de les laisser répandre sur les bords des grands chemins plantés d'arbres et de haies d'épines, &c.

EXTRAIT DU DÉCRET du 12 août 1790, contenant Instruction sur le régime des campagnes. Chapitre VI. *Agriculture et commerce.* « Les avantages » et les inconvéniens de la vaine pâture et du droit de parcours doivent fixer » aussi l'attention de l'administration. Il faut considérer ces deux usages sous » tous les rapports par lesquels ils peuvent influer sur la subsistance et la » conservation des troupeaux ; il faut balancer avec sagacité l'intérêt qui y » attache le petit propriétaire de la campagne, l'abus que le riche fermier en » fait trop souvent, et l'obstacle qu'ils apportent à l'indépendance des pro-» priétés. »

LOI du 28 septembre 1791, titre I.ᵉʳ, section IV. « Art. 2. La servitude » réciproque de paroisse à paroisse, connue sous le nom de parcours, et qui » entraîne avec elle le droit de vaine pâture, continuera provisoirement d'avoir » lieu avec les restrictions déterminées à la présente section, lorsque cette » servitude sera fondée sur un titre, ou sur une possession autorisée par les » lois et les coutumes : à tous autres égards, elle est abolie.

» Art. 3. Le droit de vaine pâture dans une paroisse, accompagné du nom
» de la servitude du parcours, ne pourra exister que dans les lieux où il est
» fondé sur un titre particulier, ou autorisé par la loi ou par un usage local
» immémorial, et à la charge que la vaine pâture n'y sera exercée que confor-
» mément aux règles et usages locaux qui ne contrarieront point les réserves
» portées dans les articles suivans de la présente section.

» Art. 5. Le droit de parcours et le droit simple de vaine pâture ne pourront,
» en aucun cas, empêcher les propriétaires de clore leurs héritages ; et tout
» le temps qu'un héritage sera clos de la manière déterminée par l'article suivant,
» il ne pourra être assujetti ni à l'un ni à l'autre droit ci-dessus.

» Art. 7. La clôture affranchira de même du droit de vaine pâture réciproque
» ou non réciproque entre particuliers, si ce droit n'est pas fondé sur un titre.
» Toutes lois et tous usages contraires sont abolis.

» Art. 8. Entre particuliers, tout droit de vaine pâture fondé sur un titre,
» même dans les bois, sera rachetable à dire d'experts, suivant l'avantage que
» pourrait en retirer celui qui avait ce droit, s'il n'était pas réciproque, ou
» eu égard au désavantage qu'un des propriétaires aurait à perdre la réciprocité,
» si elle existait : le tout sans préjudice au droit de cantonnement, tant pour
» les particuliers que pour les communautés, confirmé par l'article 8 du décret
» des 16 et 17 septembre 1790.

» Art. 9. Dans aucun cas et dans aucun temps le droit de parcours ni celui
» de vaine pâture ne pourront s'exercer sur les prairies artificielles, et ne pourront
» avoir lieu sur aucune terre ensemencée ou couverte de quelque production
» que ce soit, qu'après la récolte.

» Art. 10. Par-tout où les prairies naturelles sont sujettes au parcours ou à
» la vaine pâture, ils n'auront lieu provisoirement que dans le temps autorisé
» par les lois et coutumes, et jamais tant que la première herbe ne sera pas
» récoltée.

» Art. 13. La quantité de bétail, proportionnellement à l'étendue du terrain,
» sera fixée dans chaque paroisse à tant de bêtes par arpent, d'après les régle-
» mens et usages locaux; et à défaut de documens positifs à cet égard, il y
» sera pourvu par le conseil général de la commune.

» Art. 14. Tout chef de famille qui ne sera ni propriétaire ni fermier d'aucun
» des terrains sujets au parcours ou à la vaine pâture, &c. &c. &c., pourra
» mettre sur ces terrains jusqu'au nombre de six bêtes à laine et d'une vache
» avec son veau, &c. &c. &c.

» Art. 15. Les propriétaires ou fermiers exploitant des terres sur les paroisses
» sujettes au parcours ou à la vaine pâture, et dans lesquelles ils ne seraient pas
» domiciliés, auront le même droit de mettre dans le troupeau commun, ou
» de faire garder par troupeau séparé, une quantité de têtes de bétail proportionnée
» à l'étendue de leur exploitation, &c. &c. ; mais dans aucun cas ces pro-
» priétaires ou fermiers ne pourront céder leurs droits à d'autres.

» Art. 16. Quand un propriétaire de pays de parcours ou de vaine pâture
» aura clos une partie de sa propriété, le nombre des têtes de bétail qu'il
» pourra continuer d'envoyer dans le troupeau commun, ou par troupeau séparé
» sur les terres particulières des habitans de la communauté, sera restreint
» proportionnellement et suivant les dispositions de l'article 13 de la présente
» section. »

Même Loi, titre II. « Art. 22. Dans les lieux de parcours ou de vaine
» pâture, comme dans ceux où ces usages ne sont point établis, les pâtres et
» bergers ne pourront mener les troupeaux d'aucune espèce dans les champs
» moissonnés et ouverts, que deux jours après la récolte entière, sous peine
» d'une amende d'une journée de travail : l'amende sera double si les bestiaux
» d'autrui ont pénétré dans un enclos rural. »

Un arrêté du comité de salut public, du 25 thermidor an 3, ordonne
que la vaine pâture provisoirement n'aura pas lieu dans les prés de plusieurs
départemens, &c. &c., pour la deuxième faux et la levée des regains.

Un arrêté du Directoire exécutif, en date du 19 thermidor an 4, autorise
les administrations centrales, autant que besoin sera, à maintenir provisoirement les dispositions de l'arrêté du comité de salut public.

Un arrêté des Consuls, en date du 28 frimaire an 12, interdit aux bouchers
de Paris le droit de parcours, malgré le prétexte de l'approvisionnement de
cette ville.

CHAPITRE III.

Glanage ; Grapillage, Râtelage et Chaumage.

DISPOSITIONS DES LOIS.

L'ÉCRITURE SAINTE défend à ceux qui font la moisson de ramasser les
épis rompus et brisés, afin que les pauvres en puissent profiter. (*Lévit.* ch. 19,
v. 9, 16, et ch. 23, v. 22.)

Les anciennes ordonnances et plusieurs coutumes défendaient de mener les bestiaux dans les chaumes avant un certain temps, depuis que les grains ont été coupés. *(Ordonnance de Saint-Louis en 1261 ; Cout. d'Amiens, art. 244 ; d'Estampes, art. 190 ; de Melun, art. 344 ; de Dourdan, art. 151.)*

Il n'est permis de glaner qu'aux gens âgés, petits enfans, et autres personnes n'ayant pas la force de scier les grains. Les gens valides doivent s'employer à la moisson. *(Ordonnance de Henri II, de novembre 1554, art. 10.)*

Les glaneurs ne doivent rien prendre avant qu'on ait enlevé du champ la moisson et la dîme et champart, à peine d'être punis comme voleurs. *(Même Ordonnance.)*

Depuis les ordonnances et les coutumes, il a été fait, *en différens temps*, des réglemens de police qui tous défendent de glaner à autres qu'à gens vieux, infirmes et aux enfans, et d'entrer dans les champs avant le soleil levé, après qu'il est couché, et avant l'enlèvement des gerbes.

Il est défendu encore par ces réglemens de mener des bestiaux sur les champs moissonnés, si ce n'est quarante-huit heures après l'enlèvement de leur dépouille, afin de conserver le glanage à ceux auxquels il est permis.

La loi du 12 août 1790, chap. VI, recommande aux administrations de porter un regard attentif sur le glanage, patrimoine du pauvre.

La loi du 28 septembre 1791, titre II, art. 21, porte que les glaneurs, &c., dans les lieux où les usages de glaner sont reçus, n'entreront dans les champs récoltés et ouverts qu'après l'enlèvement entier des fruits. En cas de contravention, les produits du glanage seront confisqués, et, suivant les circonstances, il pourra y avoir lieu à la détention de police municipale : le glanage est interdit dans tout enclos rural.

Les coutumes d'Estampes et de Melun, &c., rendent leurs dispositions sur les glaneurs, &c. communes à ce qu'elles appellent *les grappeurs de vignes.*

La coutume de Bourbonnais, art. 351, porte que l'on ne peut aller grappeter que trois jours après la vendange, sous peine d'amende.

La loi du 22 septembre 1791 contient, sur le grapillage, les mêmes dispositions que sur le glanage. (Titre II, art. 21.)

La loi du 28 septembre 1791 assimile le râtelage au glanage, au grapillage. (Titre II, art. 21.)

Le chaume est ordinairement laissé sur le champ pour les pauvres habitans de la campagne, qui l'emploient pour le fourrage et la litière des bestiaux, pour couvrir les maisons ou pour brûler. *(Lévit. ch. 29, n.° 9.)*

On ne permettait ordinairement de chaumer qu'au 1.er octobre ; ce qui
dépendait

dépendait de l'usage des lieux et de la prudence du juge : ainsi établi, afin que les glaneurs eussent le temps de glaner.

Il n'était permis de mener les bestiaux dans les nouveaux chaumes qu'après un certain temps, non-seulement afin qu'on pût glaner, mais aussi afin qu'on pût enlever le chaume.

Ce temps a été réglé diversement par les coutumes : les unes l'ont fixé à trois jours *(Amiens*, art. 245 ; *Ponthieu*, art. 105 ; *Artois*, art. 50, n.° 8)*; d'autres ont étendu la défense jusqu'à ce que le maître du champ eût enlevé son chaume sans fraude *(Orléans*, art. 145)*. Ces défenses ont lieu pour les chaumes d'avoine et autres menus grains, de même que pour les chaumes de blé, parce que les pauvres glanent toutes sortes de grains. *(Notes sur la coutume d'Artois*, art. 50, n.° 8.)*

Des réglemens de police portent que si la disette du bois rend le chaume nécessaire, on ne peut l'arracher qu'après un temps donné pour le glanage.

CHAPITRE IV.

Clôtures.

DISPOSITIONS DES LOIS.

IL était permis de se clore et d'entourer sa terre ou autres héritages, soit de murs, de haies ou de fossés.

La même chose avait lieu pour les prés, quoique le pâturage en fût commun après avoir été fauchés. *(Voyez* BOUTARIC, *Inst.* pag. 141.)*

Celui qui fait un mur de séparation à côté d'une terre labourable appartenant à son voisin, doit laisser un certain espace pour que le voisin puisse toujours labourer son héritage à la charrue sans perdre aucune portion de son terrain. Cet espace est ordinairement de deux pieds et demi ou trois pieds, selon l'usage du lieu. *(Coutumes de Boulonnais*, art. 169 et 171; *de Normandie*, art. 81.)*

La coutume de Paris fixe à dix pieds au moins la hauteur des murs de séparation.

La liberté de se clore, suivant quelques coutumes, nécessitait la permission du seigneur. *(Amiens*, art. 197.)*

Il fallait aussi la permission de se clore, dans les cas où la clôture aurait pu apporter quelque obstacle à la chasse du roi.

Loi du 28 septembre 1791, tit. I.ᵉʳ, sect. IV. « Art. 4. Le droit de clore
» et de déclore ses héritages résulte essentiellement de celui de propriété, et ne
» peut être contesté à aucun propriétaire. L'Assemblée nationale abroge toutes
» les lois et coutumes qui peuvent contrarier ce droit.

» Art. 6. L'héritage sera réputé clos, lorsqu'il sera entouré d'un mur de
» quatre pieds de hauteur avec barrière ou porte, ou lorsqu'il sera exactement
» fermé et entouré de palissades ou de treillages, ou d'une haie vive, ou d'une
» haie sèche faite avec des pieux ou cordelée avec des branches, ou de toute
» autre manière de faire les haies en usage dans chaque localité, ou enfin
» d'un fossé de quatre pieds de large au moins à l'ouverture, et de deux pieds
» de profondeur.

» Art. 11. Le droit dont jouit tout propriétaire de clore ses héritages, a
» lieu même par rapport aux prairies, dans les paroisses où, sans titre de
» propriété, et seulement par l'usage, elles deviennent communes à tous les
» habitans, soit immédiatement après la récolte de la première herbe, soit
» dans tout autre temps déterminé. »

CHAPITRE V.

Domestiques de campagne.

———

Usages et Dispositions des anciennes Lois sur cette matière.

Il était d'usage, dans la plupart des campagnes, que les domestiques se
louassent pour un certain temps, comme pour une année ou seulement pour
le temps de la moisson. Cependant le maître ne pouvait pas les retenir de
force s'ils voulaient sortir avant le temps convenu ; il pouvait pareillement les
renvoyer en tout temps, lorsqu'il le jugeait à propos, le tout en leur payant
leurs salaires raisonnables à proportion du temps qu'ils avaient servi, et sauf
les dommages et intérêts du maître ou du domestique, s'il y avait lieu, à
cause de l'inexécution de la convention. (*Voyez Arrêt et Réglement du parlement
de Rouen, du 26 juin 1722, pour l'exécution de l'Arrêt de la cour du 9 juillet 1721.*)

*Décret du 16 août 1790, fixant les fonctions et la compétence de la justice
de paix.* « Art. 10. Le juge de paix connaîtra de même sans appel, jusqu'à la
» valeur de cinquante livres, et à charge d'appel, à quelque valeur que la
» demande puisse monter, ...

» 5.° Du paiement des salaires des gens de travail, des gages des domestiques,

» et de l'exécution des engagemens respectifs des maîtres et de leurs domes-
» tiques ou gens de travail. »

CHAPITRE VI.

Pigeons bisets.

Usages, Coutumes, Lois anciennes.

A la campagne, il était permis à chacun d'avoir des pigeons; mais ce droit était plus ou moins étendu, selon les personnes, les circonstances et la coutume du lieu. (*Voyez Arrêt du conseil du 12 décembre 1737.*)

Les propriétaires ou autres qui occupaient les terres voisines, pouvaient se plaindre, dans le cas qu'un particulier eût une trop grande quantité de pigeons, pour en faire réduire le nombre *(voyez* AUZANET, *sur Paris*, art. 70*),* ou pour faire supprimer les colombiers ou volets de ceux qui n'avaient pas droit d'en avoir. (*Voyez Arrêt du conseil du 12 décembre 1737.*)

Ceux qui n'avaient pas droit de colombier ou volet, pouvaient nourrir des pigeons chez eux, pourvu qu'ils ne sortissent point. *(Voyez* LALANDE, *sur Orléans*, art. 168.*)*

Il était défendu de tirer sur les pigeons, même sur les siens. (*Voyez Ordonnance de Henri IV, de 1607,* art. 2.*)*

DÉCRET du 11 août 1789, relatif à la suppression des droits féodaux, dîmes, &c.
« Art. 2. Le droit exclusif des fuies et des colombiers est aboli : les pigeons
» seront enfermés aux époques fixées par les communautés; et durant ce temps,
» ils seront regardés comme gibier, et chacun aura le droit de les tuer sur son
» terrain. »

CHAPITRE VII.

CE chapitre est intitulé, dans le Projet de Code rural, *des Animaux et des Objets &c. immeubles, &c.* Les vers à soie et les essaims n'en sont qu'une dépendance.

Nous placerons dans ce chapitre l'article suivant de la loi du 28 septembre 1791, comme ne pouvant se rattacher qu'à ce chapitre.

Tit. I.er, sect. III. « Art. 2. Aucun engrais, ni ustensile, ni autre meuble
» utile à l'exploitation des terres, et aucuns bestiaux servant au labourage, ne
» pourront être saisis ni vendus pour contributions publiques; et ils ne pourront
» l'être pour aucune cause de dettes, si ce n'est au profit de la personne qui

» aura fourni lesdits effets ou bestiaux, ou pour l'acquittement de la créance
» du propriétaire envers son fermier, et ce seront toujours les derniers objets
» saisis, en cas d'insuffisance d'autres objets mobiliers. »

Abeilles.

DISPOSITIONS DES LOIS.

Les abeilles étant en ruches sont immeubles. (*Coutume de Poitou*, art. 250,
n.° 23, et BOUCHEUL *sur cette Coutume.*)

DÉCRET du 28 septembre 1791, tit. Ier, sect. III. « Art. 3. La même
» règle aura lieu pour les ruches, c'est-à-dire, ne seront pas saisies, &c. *(voyez*
» l'art. 2 du même *décret)*; et pour aucune raison il ne sera permis de troubler
» les abeilles dans leurs courses et leurs travaux : en conséquence, même en cas
» de saisie légitime, une ruche ne pourra être déplacée que dans les mois de
» décembre, janvier et février.

» Art. 5. Le propriétaire d'un essaim a droit de le réclamer, et de s'en
» ressaisir, tant qu'il n'a point cessé de le suivre ; autrement l'essaim appartient
» au propriétaire du terrain sur lequel il s'est fixé. »

Vers à soie.

DISPOSITIONS DES LOIS.

DÉCRET du 28 septembre 1791, tit. Ier, sect. III. « Art. 4. Les vers à
» soie sont de même insaisissables pendant leur travail, ainsi que la feuille du
» mûrier qui leur est nécessaire pour leur éducation. »

CHAPITRE VIII.

Chèvres.

DISPOSITIONS DES LOIS.

LE parlement de Grenoble avait proscrit les chèvres de tous les lieux cultivés
et des bois taillis, quand même elles eussent été tenues attachées dans les
granges et ailleurs, à peine de fouet et de bannissement pour trois ans. (*Art. 2
de l'Arrêt de règlement du 6 mars 1723.*)

Les états de Languedoc, par délibération du 6 février 1725, homologuée
par un arrêt rendu au conseil le 29 mai même année, défendait de tenir des
chèvres, dans toute l'étendue de la province, à peine de cent francs d'amende.

Décret du 28 septembre 1791, tit. XXI. « Art. 18. Pour toute chèvre
» qui sera trouvée sur l'héritage d'autrui, contre le gré du propriétaire de l'héri-
» tage , il sera payé une amende de la valeur d'une journée de travail , par le
» propriétaire de la chèvre.

» Dans les pays de parcours ou de vaine pâture, où les chèvres ne sont pas
» rassemblées et conduites en troupeau commun, celui qui aura des animaux
» de cette espèce ne pourra les mener aux champs qu'attachés, sous peine
» d'une amende de la valeur d'une journée de travail par tête d'animal.

» En quelque circonstance que ce soit, lorsqu'elles auront fait du dommage
» aux arbres fruitiers ou autres , haies, vignes, jardins, l'amende sera double,
» sans préjudice du dédommagement dû aux propriétaires.

» Art. 38. Les dégâts faits dans les bois taillis des particuliers ou des com-
» munautés, par des bestiaux ou des troupeaux, seront punis de la manière
» suivante :

   » Il sera payé d'amende pour. . . . .

   » Pour une chèvre. . . . . 2 fr.

» Si les bois taillis sont dans les six premières années de leur croissance ,
» l'amende sera double, &c. &c. »

TITRE II.

DE LA PROPRIÉTÉ RURALE CONSIDÉRÉE POUR TOUS LES PROPRIÉTAIRES ENTRE EUX.

CHAPITRE I.er

Échanges des Biens, &c.

DISPOSITIONS DES LOIS.

LES échanges étaient sujets aux mêmes droits que les mutations par ventes ; mais ces droits appartenaient au roi, à moins que les seigneurs ne les eussent acquis de lui. *(Voyez le Recueil des Droits d'échanges , et les Maximes générales sur les droits domaniaux.)*

CHAPITRE II.

Bornage.

DISPOSITIONS DES LOIS.

POUR faire connaître que les bornes avaient été placées de main d'homme, on y mettait aux deux côtés deux petites pierres plates ou des tuileaux, que l'on appelait des *témoins.*

Pour que les bornes fussent mises juridiquement, il fallait qu'elles fussent mises du consentement des deux parties, ou par ordonnance de justice, parties présentes ou dûment appelées.

Il n'était pas permis d'arracher ni de déranger les bornes mises d'ancienneté ou par autorité de justice.

Loi du 28 septembre 1791, tit. I.er, sect. I.re « Art. 3. Tout proprié-
» taire peut obliger son voisin au bornage de leurs propriétés contiguës, à
» moitié frais. »

CHAPITRE III.

Cours d'eau.

DISPOSITIONS DES LOIS.

Sources. LES lois romaines portent que l'on n'est tenu à rien si l'on détourne la source du voisin, &c. *(V.* L. I, §. 12, ff. *de aq. et aq. pluv. arc.* — L. XXI, ff. lib. 39, tit. III, *de aq. et aq. pluv. arc.)*

Le Code civil ne dit rien à ce sujet.

Il est dû une indemnité dans tous les cas où la servitude est aggravée par nouvelle œuvre. *(* L. XI, ff. *de aq. et aq. pluv. arc.)*

Alluvion. L'alluvion est l'accroissement que reçoit un fonds par les terres nouvelles que les eaux qui le baignent y apportent successivement et insensiblement. *(Inst. de rerum divisione,* §. 20. *)*

L'effet de l'alluvion est de transporter au propriétaire du fonds auquel l'alluvion se fait, les nouvelles terres qu'elle a apportées. *(Inst. de rerum divisione,* §. 20. *)*

Ainsi le droit romain met l'alluvion au nombre des moyens d'acquérir par le droit des gens, comme étant une espèce d'accession ; en sorte donc que l'accroissement fait imperceptiblement demeure à l'héritage. Cela est fondé sur la maxime qui veut que le profit appartienne à celui qui est exposé à souffrir le dommage.

Cette disposition du droit romain était suivie dans le royaume, excepté néanmoins en Franche-Comté, où l'on tenait pour maxime que la rivière de Doubs, qui arrose cette province, *n'ôte ni ne baille,* c'est-à-dire, que celui dont elle diminue l'héritage en l'inondant, peut prendre son indemnité dans le terrain qu'elle laisse à découvert.

Il faut aussi excepter les héritages de la petite rivière de la Cère, qui suivent une coutume locale d'Auvergne : *n'ôte ni ne baille.*

L'article 195 de la coutume de Normandie porte que les terres d'alluvion accroissent aux propriétaires des héritages contigus, à la charge de *les bailler par aveu* au seigneur du fief, et d'en payer les droits seigneuriaux comme des autres héritages adjacens.

Les coutumes de *Sens,* d'*Auxerre* et de *Metz* ont des dispositions semblables, et sont admises pour servir de règle dans le droit français.

L'accroissement fait par alluvion prend les qualités de fief de roture, de propre et d'acquêt que peut avoir l'héritage accru, et il est sujet aux mêmes charges.

Attérissement subit. Il n'en est pas de même d'une augmentation arrivée subitement à un héritage, par un débordement ou par quelque autre cas fortuit : cette augmentation appartient au roi dans les rivières navigables, et aux *seigneurs hauts-justiciers* dans les rivières non navigables.

Mais les lois romaines attribuaient les *attérissemens* aux propriétaires des territoires voisins. *(V.* le tit. Ier du IIe liv. des *Inst.,* et la loi I, au ff. *de flumin.)* Cependant celui à qui appartient la pièce de terre entraînée par l'*impétuosité des eaux*, peut en revendiquer la propriété en quelque lieu qu'il la trouve. *(Inst. de rer. div.,* §. 21.*)* Lorsque la demande en revendication n'a pas été faite, &c., il y a prescription en faveur de celui au fonds duquel l'incorporation a été faite. *(Inst. de rer. div.* §. 21.*)*

Usage de l'eau coulante. Suivant le droit romain, l'eau de la mer, des fleuves et des rivières, et *toute eau coulante*, étaient des choses publiques, dont il était libre à chacun de faire usage.

Il n'en était pas tout-à-fait de même parmi nous : il n'était pas permis aux particuliers de prendre de l'eau de la mer, de crainte qu'ils n'en fabriquassent du sel, dont nos rois s'étaient réservé le droit de vente exclusif.

A l'égard de l'eau des fleuves et des rivières navigables, la propriété en appartenait bien au roi, mais l'usage en était au public.

Eau pluviale. Les petites rivières et les eaux pluviales qui coulent le long des chemins, étaient aux seigneurs hauts-justiciers ; les ruisseaux appartenaient aux riverains.

Il était libre à chacun de puiser de l'eau dans les fleuves, rivières et ruisseaux publics ; mais il n'était point permis d'en détourner le cours au préjudice du public ni d'un tiers, soit pour arroser ses prés, pour faire tourner un moulin, ou pour quelque autre avantage, sans le consentement de ceux auxquels l'eau appartenait.

Le droit actif de prise d'eau pouvait néanmoins s'acquérir par prescription, soit avec titre ou sans titre, comme les autres droits réels, par une possession continuée pendant le nombre d'années requis par la loi du lieu. Mais la faculté de prendre de l'eau ne se prescrivait point par le non-usage, sur-tout tandis que l'écluse où l'on puisait l'eau était détruite.

Propriétaire d'une source. Le propriétaire d'un héritage où se trouvent *les sources formant un ruisseau*, pouvait en détourner le cours pour son utilité, même au préjudice de ceux qui étaient au-dessous, quoiqu'ils fussent en possession immémoriale d'user de cette eau pour arroser leurs terres, à moins toutefois qu'il n'y eût eu sur cet objet quelque convention particulière, et que les propriétaires auxquels la nouvelle direction des eaux pouvait nuire ne consentissent à cette direction. Cette jurisprudence est appuyée sur la loi VI, Cod. *de*

serv.

serv. et aqua, et sur différens arrêts; un du 13 août 1646, rapporté par *Henrys;* un du mois de septembre 1698, rendu par le parlement de Bretagne; et un autre du 22 août 1766, rendu par le parlement de Paris, &c. &c.

(Le Code Napoléon confirme cette jurisprudence, mais avec quelques modifications.)

Dumoulin *(ad Concil. Alex. 69,* vol. V, tom. III, p. 62 *)* pensait que l'eau pouvait être détournée, soit qu'elle prît sa source dans le terrain de celui qui en changeait ou qui en supprimait le cours, soit qu'elle descendît de plus haut.

L'Ordonnance de 1669, sur les eaux et forêts, porte, tit. XXVII : « Art. 42. » Nul, soit propriétaire ou engagiste, ne pourra faire moulins, batardeaux, » écluses, gords, pertuis, murs, plants d'arbres, murs de pierres, de terres et » de fascines, ni autres édifices ou empêchemens nuisibles au cours de l'eau, » dans les fleuves et rivières navigables et flottables, ni même y jeter aucunes » ordures, immondices, ou les amasser sur quais et rivages, à peine d'amende » arbitraire. »

Même Ordonnance, tit. XXVII : « Art. 44. Il est défendu à toutes personnes *de* » *détourner l'eau des rivières navigables et flottables*, ou d'en affaiblir ou altérer » le cours par tranchées, fossés et canaux, à peine contre. les contrevenans » d'être punis comme usurpateurs, et les choses réparées à leurs dépens. »

Cette défense regardait aussi les ruisseaux et fontaines : les propriétaires de ces eaux, et ceux sur le fonds desquels elles coulaient, pouvaient les faire servir à leur usage et en prendre une partie, et laisser couler le surplus, sans que les voisins pussent s'en plaindre. *(Voyez* la loi *Præses*, Code, *de servit.*, et MORNAC sur cette loi; *voyez* aussi TRONÇON sur l'art. 225 de la *Coutume de Paris;* HENRYS, tome II, liv. 4, quest. 75, et BASNAGE en son *Traité des servitudes.*)

LOI des 22 novembre et 1.ᵉʳ décembre 1790, relative aux domaines nationaux. Elle porte « que les fleuves et rivières navigables, les rivages, lais et » relais de la mer, &c., et en général toutes les portions du territoire national » qui ne sont pas susceptibles d'une propriété privée, sont considérés comme » dépendances du domaine public. »

LOI en forme d'instruction, des 12 et 20 août 1790, chap. VI. « Les admi-» nistrations de département sont chargées de rechercher et indiquer les » moyens de procurer le libre cours des eaux, d'empêcher que les prairies ne

» soient submergées par la trop grande élévation des écluses des moulins,
» et par les autres ouvrages d'art établis sur les rivières ; de diriger enfin,
» autant qu'il sera possible, toutes les eaux de leur territoire vers un but
» d'utilité générale, d'après les principes de l'irrigation. »

Loi du 28 septembre 1791, tit. I.ᵉʳ, sect. I.ʳᵉ « Art. 4. Nul ne peut se
» prétendre propriétaire exclusif des eaux d'un fleuve ou d'une rivière navi-
» gable ou flottable ; en conséquence, tout propriétaire riverain peut, en
» vertu du droit commun, y faire des prises d'eau, sans néanmoins en dé-
» tourner ni embarrasser le cours d'une manière nuisible au bien général et
» à la navigation établie. »

Même loi, tit. II. « Art. 15. Personne ne pourra inonder le territoire de son
» voisin, ni lui transmettre volontairement les eaux d'une manière nuisible,
» sous peine de payer le dommage, et une amende qui ne pourra excéder la
» somme du dédommagement.

» Art. 16. Les propriétaires ou fermiers de moulins et usines construits
» ou à construire, seront garans de tous dommages que les eaux pourraient
» causer aux chemins ou aux propriétés voisines, par la trop grande éléva-
» tion du déversoir ou autrement. Ils seront forcés de tenir les eaux à une
» hauteur qui ne nuise à personne ; ce qui sera fixé par le directoire du dé-
» partement, d'après l'avis du directoire de district : en cas de contravention,
» la peine sera une amende qui ne pourra excéder la somme du dédomma-
» gement. »

D'après le système administratif établi par la loi du 28 pluviôse an 8, il
appartient aux préfets, et non aux conseils de préfecture, d'exécuter l'instruction de 1790 et la loi des 28 septembre et 6 octobre 1791.

ARRÊTÉ du Directoire exécutif, du 19 ventôse an 6. Il est relatif aux
mesures propres à assurer le libre cours des rivières et canaux navigables et
flottables.

LOI du 14 floréal an 11. Elle porte « qu'il sera pourvu au curage des
» canaux et des rivières non navigables, ainsi qu'à l'entretien des digues et
» ouvrages d'art qui y correspondent, de la manière prescrite par les anciens
» réglemens ou d'après les usages locaux. » *(Voyez cette loi ; l'Arrêté du
Gouvernement du 16 germinal an 12, relatif au curage du canal de desséchement
de Landgraben, et le titre II du Décret impérial du 25 janvier 1807, concernant le
flottage des bois sur les ruisseaux et canaux qui coulent dans la vallée de Neustadt.)*

CHAPITRE IV.

Chemins vicinaux.

DISPOSITIONS DES LOIS.

LES anciennes lois distinguaient trois sortes de chemins; les chemins royaux, les chemins particuliers, et les sentiers.

Les premiers appartenaient au roi, les autres aux seigneurs hauts-justiciers, quant à la police : il n'était rien dit des sentiers, qui n'étaient que la communication d'un héritage à un autre.

Tout chemin pavé ou non devait être réparé, ainsi que les fossés, aux frais des habitans du lieu, chacun en proportion de son bien, excepté les chemins où le seigneur avait un péage; il était tenu de le réparer.

Il y avait deux sortes de corvées, la réelle et la personnelle : la réelle était due au seigneur par le fonds, et la personnelle par les hommes qui habitaient dans l'étendue de la justice.

Cependant, sous l'ancien Gouvernement, *les chemins vicinaux* étaient entretenus de diverses manières, suivant les provinces. Dans les unes, les riverains étaient chargés des réparations, chacun devant son terrain; dans d'autres, elles étaient faites par toutes les communes traversées par le chemin, ou même par les communes environnantes, à une distance désignée.

Dans les pays d'états, les principaux chemins vicinaux étaient entretenus au moyen d'un impôt levé sur la province entière, ou sur ses subdivisions en bailliages, élections ou vigueries; ceux de moindre importance l'étaient par la prestation en nature, fournie par les communes.

Malgré ces différens usages, par-tout les chemins étaient en bon état : on distinguait ceux à l'entretien desquels on pourvoyait par une somme imposée sur tout un pays. En général leur réparation et leur entretien étaient réglés par des arrêts des parlemens. Il n'est donc pas étonnant que la jurisprudence de ceux-ci variât comme leur ressort, les coutumes et les usages locaux,

A la révolution, la législation changea sur tout ce qui est relatif aux chemins vicinaux.

D'abord, *la loi du 24 août 1790* donna à l'autorité administrative le droit de constater les usurpations et les dégradations faites aux chemins vicinaux.

Celle du 11 septembre 1790 porte : « Art. 6. L'administration en matière de

» grande voirie appartient aux corps administratifs , et la police de conserva-
» tion , tant pour les grandes routes que pour les chemins vicinaux , aux tribu-
» naux de district. »

La loi du 28 novembre 1791 dit , tit. Ier, sect. VI : « Art. 3. Sur la
» réclamation des communautés ou sur celle des particuliers , l'administra-
» tion du département , sur l'avis de celle du district , ordonne l'amélioration
» d'un mauvais chemin , afin que la communication ne soit interrompue dans
» aucune saison , et elle en détermine la largeur.

» Art. 2. Les chemins reconnus par le directoire de district pour être néces-
» saires à la communication des paroisses , seront rendus praticables et entre-
» tenus aux dépens des communautés sur le territoire desquelles ils sont établis.
» Il pourra y avoir à cet effet une imposition au marc la livre de la contri-
» bution foncière. »

Même loi, tit. II.*« Art. 40. Tout homme qui dégradera ou détériorera un
» chemin public , ou usurpera sur sa largeur , sera condamné à la réparation
» ou à la restitution , et à une amende qui ne pourra être moindre de trois
» livres ni excéder vingt-quatre livres.

» Art. 31. Tout voyageur qui déclorra un champ pour se faire un passage
» dans sa route , paiera le dommage fait au propriétaire , et de plus une amende
» de la valeur de trois journées de travail , à moins que le juge de paix du
» canton ne décide que le chemin public était impraticable ; et alors les dom-
» mages et les frais seront à la charge de la communauté.

» Art. 43. Quiconque aura coupé ou détérioré des arbres plantés sur les
» routes , sera condamné à une amende du triple de la valeur des arbres , et à
» une détention qui ne pourra excéder six mois.

» Art. 44. Les gazons , les terres ou les pierres des chemins publics , ne
» pourront être enlevés en aucun cas sans l'autorisation du directoire du
» département. Les terres ou matériaux appartenant aux communautés , ne
» pourront également être enlevés , si ce n'est par suite d'un usage général
» établi dans la commune pour les besoins de l'agriculture , et non aboli par
» une délibération du conseil général.

» Celui qui commettra l'un de ces délits , sera , en outre de la réparation
» des dommages , condamné , suivant la gravité des circonstances , à une
» amende qui ne pourra excéder vingt-quatre livres , ni être moindre de trois
» livres ; il pourra de plus être condamné à la détention de police municipale. »

(21)

Loi du 16 frimaire an 2. « Les chemins vicinaux continueront d'être aux
» frais des administrés, sauf les cas où ils deviendraient nécessaires au service
» public..... Il pourra y avoir une imposition au marc le franc, &c. »

Arrêté du 23 messidor an 5. « Les administrations de département sont
» tenues de faire dresser un état général des chemins vicinaux de leurs arron-
» dissemens respectifs, de quelque espèce que puissent être ces chemins; de
» constater l'utilité de chacun, de prononcer la suppression de ceux reconnus
» inutiles, afin que l'emplacement de ces derniers soit restitué à l'agriculture. »

Loi du 9 vendémiaire an 6, tit. VIII. — *Droit de passe sur les chemins.*
« Art. 80. Les fonds provenant de la taxe d'entretien perçue dans l'étendue
» d'un département, seront versés dans la caisse du receveur général du dé-
» partement.

» Art. 81. L'administration de la taxe d'entretien est réunie aux attri-
» butions du ministre de l'intérieur : il ordonnancera la distribution des fonds
» provenant de ladite taxe, pour acquitter les dépenses causées par l'entretien,
» les réparations, les confections et l'administration des grandes routes, sans
» que, sous aucun prétexte, il puisse être donné aucune autre destination à ces
» fonds; à l'effet de quoi, les commissaires de la trésorerie sont tenus de refuser
» leur *visa* à toute ordonnance contraire à la présente disposition.

» Art. 82. En cas d'insuffisance de la taxe perçue dans un département
» pour acquitter les dépenses de ses routes, il y sera pourvu par des reprises
» sur les départemens qui auraient obtenu des produits excédant les besoins
» de leur arrondissement. »

Loi du 11 frimaire an 7. Elle règle que les réparations des chemins seront
à la charge des caisses municipales.....

Loi du 28 pluviôse an 8. « Art. 15. Le conseil municipal règle la répar-
» tition des travaux nécessaires à l'entretien et aux réparations des propriétés
» qui sont à la charge des habitans.

» Il délibère sur les besoins particuliers et locaux de la municipalité, sur les
» emprunts, sur les octrois ou contributions en centimes additionnels, qui
» peuvent être nécessaires pour subvenir à ces besoins. »

Arrêté des Consuls du 4 thermidor an 10. Cet arrêté indique et con-
seille la prestation en nature pour les réparations les plus urgentes, &c.; il
charge les communes de l'organiser. Mais cet arrêté ne contient rien d'im-
pératif et n'ordonne aucun moyen coercitif, &c.

Un avis du Conseil d'état porte : « L'art. 2 du §. 1.er de la loi du 22
» novembre et du 1.er décembre 1790, a, il est vrai, déclaré les chemins
» publics dépendans du domaine public ; mais elle n'a en rien dérogé aux dis-
» positions des lois antérieures. Ces lois, comme on l'a vu, distinguent les
» chemins vicinaux entretenus par les communes, d'avec les chemins publics
» entretenus par l'État. »

*Dispositions de la Législation des Anglais sur les Chemins qui traversent les
paroisses, &c.*

1.° *Réparation.* Les paroisses sont chargées de l'entretien des chemins qui
les traversent.

D'après un acte du parlement, de 1773, les juges de paix doivent, par le
moyen des inspecteurs des chemins, nommés par eux tous les ans dans chaque
paroisse, faire élargir les chemins jusqu'à vingt pieds pour les routes des voitures,
et huit pour celle des chevaux, faire abattre les arbres et buissons à quinze
pieds du milieu du chemin.

Chaque personne ayant une charrue et trois chevaux, et une ferme de
cinquante livres sterling par an, doit six jours de travail d'une voiture, deux
chevaux et deux hommes, et autant par chaque cinquante livres sterling que
sa ferme vaut de plus ;

Si elle ne vaut pas cette somme, il ne fournit qu'une charrette, un cheval
et un homme.

Les autres personnes payent un denier par livre du produit ou du loyer de
leur bien pour chacun des six jours.

Celles qui ont des chevaux de trait payent un schelling par jour, ou les
envoient aux réparations.

Les laboureurs et autres, entre dix-huit ans et soixante, qui louent un
bien de quatre livres sterling, doivent six jours ou deux schellings ;

Trois hommes, ou quatre schellings six deniers par jour, tiennent lieu d'une
voiture à deux chevaux ;

Deux schellings, d'une charrette ;

Quatre deniers, d'une journée d'ouvrier.

Si cette cotisation ne suffit pas, on peut établir une taxe qui ne peut excéder
six deniers par livre de revenu.

En outre, le produit des barrières est employé aux réparations : les ponts
sont entretenus par des taxes particulières levées sur tout le comté.

2.° *Droit de passage.* Le droit de passer sur les terres de quelqu'un s'acquiert ou par la permission du propriétaire, ou par prescription, ou dérive quelquefois d'un acte judiciaire; car si quelqu'un vend ou donne une pièce de terre enclavée au milieu de ses champs, il est accordé un passage pour y aller.

CHAPITRE V.

Droit de Passage.

DISPOSITIONS DES LOIS.

Lois civiles par *Domat,* liv. I.ᵉʳ, tit. XII, sect. III. « Art. 2. Le droit » de passage est une servitude qui peut être différemment établie suivant » son titre, ou pour le passage des personnes seulement, ou pour celui des » hommes à cheval, ou pour une bête chargée, ou pour un charroi. » *(Lois rom.* loi I, ff. *de serv. præd. rust.)*

Même livre, sect. I.ʳᵉ « Art. 9. Comme les servitudes dérogent à la liberté » naturelle à chacun d'user de son bien, elles sont restreintes à ce qui se » trouve précisément nécessaire pour l'usage de ceux à qui elles sont dues, » et on en diminue autant qu'il se peut l'incommodité. Ainsi, celui qui a un » droit de passage dans le fonds d'un autre, sans que le titre marque le lieu » où il pourra passer, n'aura pas la liberté de choisir son passage où il lui » plaira; mais il lui sera donné par l'endroit le moins incommode au pro- » priétaire du fonds asservi, et non, par exemple, à travers d'un plant ou » d'un bâtiment : mais si le titre de la servitude ou la possession règle le » passage, quoique par un endroit incommode au propriétaire du fonds » asservi, il faut s'y tenir. » *(Lois rom.* loi XXVI, ff. *de serv. præd. rust;* loi IX, ff. *de serv. d.;* lois XXI et XXII, ff. *de serv. &c.*

Supplément aux Lois civiles, chap. IX *des Servitudes,* sect. II. « Art 1.ᵉʳ Pour » passer sur le fonds de son voisin, il faut avoir un titre qui donne ce droit. » *(Voyez* L. *per agrum 11,* Cod. *de serv.)*

CHAPITRE VI.

Plantations.

DISPOSITIONS DES LOIS.

Le droit romain défend de planter des arbres plus près de l'héritage du voisin que de cinq pieds. *(L. ult. ff. finium regend.)*

En quelques endroits on observe cette distance de cinq pieds; en d'autres il en faut six; ce qui dépend de l'usage du lieu.

La coutume d'Orléans, art. 259, dit qu'il n'est loisible de planter ormes, noyers ou chênes au vignoble du bailliage d'Orléans, plus près des vignes de son voisin, que de   pieds et demi; et que la haie doit être d'épine blanche et non d'épine noire : la raison est que l'épine noire pullule et étend ses racines beaucoup plus que l'autre.

Quoique l'arbre soit planté à la distance prescrite, s'il jette si avant ses branches ou ses racines, qu'elles nuisent au voisin, celui-ci est en droit d'obliger le propriétaire de l'arbre d'élaguer les branches qui avancent sur lui, jusqu'à quinze pieds de hauteur. *(L. I, §. 7, ff. de arbor. cædend.)*

Le voisin est même en droit de couper les branches et les racines qui avancent sur son héritage. *(Lois rom. L. I, §. 7, ff. de arbor. cædend.; L. VI, §. 2, ff. arb. furt.)*

Quand le temps requis pour la prescription s'est écoulé depuis que les arbres sont plantés, on ne peut plus demander qu'ils soient coupés, quoique la distance n'y soit pas observée. *(L. ult. C. fin. reg.)*

La coutume de Paris est muette sur cette matière.

L'usage est de fixer la distance de manière que le voisin ne souffre aucun dommage, &c. &c.

Ainsi l'on exige une distance au moins de dix-huit pieds entre la plantation d'un arbre et le champ du voisin, lorsqu'il s'agit d'ormes, de noyers ou de chênes : celle de cinq à six pieds suffit à l'égard des autres arbres.

Dans les jardins ou les parcs qui sont clos de murailles, la distance est moins considérable. Les palissades d'ifs, de charmilles et d'érables, doivent se planter à un pied et demi de distance de la ligne qui sépare les héritages, en sorte que si le mur est mitoyen, les palissades se trouvent à un pied et demi du mur; mais elles peuvent être plantées auprès du mur, s'il appartient en pleine propriété au maître du jardin. Les arbres de haute futaie doivent être plantés à la distance de trois pieds de la ligne qui sépare les deux héritages; et dans ce cas, le propriétaire des arbres est tenu de les faire ébrancher annuellement du côté du mur.

Un réglement, fait en 1751 par le parlement de Rouen, exige sept pieds de distance entre les arbres plantés et l'héritage voisin; et si les arbres plantés à cette distance étendent leurs branches sur le fonds voisin, le propriétaire de ce fonds peut exiger que le propriétaire des arbres les ébranche à quinze pieds de hauteur au-dessus de terre.

Diverses

Diverses ordonnances ont prescrit de planter des arbres le long des grands chemins : la plus ancienne est du mois de février 1522 ; elle enjoint de faire planter des ormes, &c. &c.

Henri III renouvela cette ordonnance par une autre du 19 février 1552, et enjoignit de faire cette année même les plantations prescrites.

L'art. 356 de l'ordonnance de Blois, de l'an 1579, enjoignit pareillement de border les grands chemins d'ormes, noyers ou autres arbres, selon la nature du pays.

L'exécution de la même loi fut encore ordonnée au mois de janvier 1583.

L'article 6 de l'arrêt du conseil du 3 mai 1720 porte que tous les propriétaires d'héritages tenant et aboutissant aux grands chemins et branches d'iceux, doivent les planter d'ormes, hêtres, châtaigniers, arbres fruitiers ou autres arbres, suivant la nature du terrain, à la distance de trente pieds l'un de l'autre, et de les armer d'épines, et ce depuis le mois de novembre jusqu'au mois de mars de l'année suivante inclusivement.

Un arrêt du parlement de Rouen, du 17 août 1751, porte : « Art. 1.er La » cour, en donnant réglement, ordonne que le long des chemins vicinaux et des » chemins de traverse, on ne pourra planter, dans les terres non closes, aucun » arbre qu'à dix pieds de distance du bord desdits chemins.

» Art. 2. Les propriétaires des arbres plantés plus près de dix pieds, &c. seront » tenus de couper incessamment la partie des branches qui s'étendra sur le » chemin et l'embarrassera. »

L'ordonnance des eaux et forêts, du mois d'août 1669, défend, article 6, à tout particulier, de faire des plantations de bois à la distance de cent perches des forêts du roi, sans une permission expresse de sa Majesté, à peine de cent livres d'amende, et de voir arracher et confisquer les arbres plantés.

CHAPITRE VII.

Ban de Vendanges.

DISPOSITIONS DES LOIS.

Le ban de vendanges, c'est-à-dire, le droit de publier l'ouverture des vendanges, est un droit de justice et de police.

On ne pouvait, dans l'ancien ordre de choses, vendanger avant que le juge du lieu l'eût permis. (*V. des Banalités*, chap. X, par M. Guyot.)

Il n'y avait que ceux dont les vignes étaient closes, qui n'étaient pas sujets à ce droit. *(Coutume de Nivernais, tit. des Vignes.)*

Dans les villes et dans la banlieue où le roi avait seul la justice, c'était aux lieutenans généraux de police, à l'exclusion de tout autre officier, qu'appartenait la publication des vendanges; ceci leur était attribué par l'édit de novembre 1706.

Dans les lieux où il n'y avait point de lieutenant général de police, c'était au seigneur haut-justicier que le droit dont il s'agit appartenait : tel était l'esprit des coutumes et des arrêts, à moins que la loi municipale de l'endroit n'en disposât autrement.

Avant de donner le ban de vendanges, le juge devait commettre quatre des principaux habitans de chaque canton, pour s'assurer de la maturité du raisin ; il devait entendre tous ceux qui pouvaient avoir intérêt à lui faire des représentations. (La coutume de Berri et de Nivernais contenait à ce sujet des dispositions fort sages.)

Le juge ne pouvait pas prendre sur lui seul d'avancer ou de retarder les vendanges à son gré. *(V. ad hoc,* un *Arrêt du parlement de Paris de 1514,* cité par PAPON, et un *Arrêt du parlement de Toulouse,* rapporté par MAYNARD.)

Le juge pouvait donner quelques permissions particulières à certains habitans de vendanger plutôt que les autres. *(Arrêt du 22 juin 1600,* que l'on remarque dans LEPRESTRE.)

Indépendamment des règles générales ci-dessus, il se trouvait, dans certaines provinces, des usages particuliers que les arrêts avaient autorisés.

DÉCRET du 28 septembre 1791, tit. I.er, sect. V. « Art. 2. Chaque pro-
» priétaire sera libre de faire sa récolte, de quelque nature qu'elle soit,
» avec tout instrument et au moment qui lui conviendra, pourvu qu'il ne
» cause aucun dommage aux propriétaires voisins.

» Cependant, dans les pays *où le ban de vendanges est en usage,* il pourra
» être fait, à cet égard, un réglement chaque année par le conseil général
» de la commune, mais seulement pour les vignes non closes : les réclamations
» qui pourraient être faites contre le réglement, seront portées au directoire
» du département, qui y statuera, sur l'avis du directoire de district. »

CHAPITRE VIII.

Biens communaux.

DISPOSITIONS DES LOIS.

Avant 1789. La propriété des *communes* appartient à toute la communauté ensemble; de manière que chaque habitant en particulier ne peut disposer seul du droit qu'il a dans cette propriété. La communauté même ne peut, en général, aliéner ses communes......

On tient aussi pour maxime que les *communes* ne peuvent être saisies réellement ni vendues par décret, même pour dettes de la communauté; que l'on peut seulement imposer la dette commune sur les habitans, pour être par eux acquittée dans une proportion convenable.

Quant à l'*usage* des communes, il appartient à chaque habitant, tellement que chacun peut y faire paître tel nombre de bestiaux qu'il veut, même un troupeau étranger, pourvu qu'il soit hébergé dans le lieu dont dépend la commune. Tel est l'usage le plus général. Il y a, néanmoins, quelques provinces dans lesquelles le droit qui appartient aux habitans de mener paître leurs bestiaux dans les *communes*, est restreint à une quantité fixée en proportion du nombre des terres que chacun d'eux fait valoir. Un arrêt du parlement de Paris, du 9 mai 1777, rendu pour la sénéchaussée de Saumur, fait défenses à tous les habitans d'avoir plus d'une bête à laine et son suivant par arpent de terre labourable, et à ceux qui ne font valoir aucune terre, d'en envoyer paître dans les campagnes, à peine de dix livres d'amende contre chaque contrevenant, et de la saisie et confiscation des bêtes à laine trouvées dans la campagne.

Le pâturage des bestiaux dans les communes, se règle ordinairement par les usages locaux; et c'est dans ces usages qu'il faut puiser la décision des contestations qui peuvent naître entre les habitans, soit pour l'espèce ou pour le nombre des bestiaux, soit pour le temps que l'on peut user des *communes.*

Il y a des communautés où les habitans ne peuvent jamais faire paître leurs bêtes à laine dans les communaux, parce qu'ils sont uniquement destinés au pacage des chevaux, des bœufs et des vaches. Dans d'autres cantons, on ne peut conduire les bêtes à laine dans les communaux, que depuis la Saint-Jean jusqu'au 1.er mars. La coutume d'Amiens interdit le pâturage dans les prés aux bêtes à laine, et celle de Tours le leur permet.

Le seigneur du lieu participe à l'usage des communes comme premier habitant : il y a des cas où il peut demander qu'il lui en soit fait un triage, c'est-à-dire, qu'on en distingue un tiers qui ne soit que pour son usage ; mais toujours faut-il que les deux autres tiers suffisent pour l'usage des habitans ; sinon le triage n'a pas lieu, ou du moins doit être réglé autrement.

Lorsqu'une. même commune sert pour plusieurs paroisses, villages, &c, les habitans peuvent demander un partage, &c.

L'ordonnance de 1669 porte, titre IV, art. 7, que si, dans les pâturages, marais, prés et pâtis échus aux habitans, ou tenus en commun sans partage, il se trouve quelques endroits inutiles et superflus dont la communauté pût profiter sans incommoder le pâturage, ils pourront être donnés à ferme, après un résultat d'assemblée faite dans les formes, pour *une, deux* ou *trois* années, par adjudication des officiers des lieux, sans frais, et le prix employé aux réparations des paroisses dont les habitans sont tenus, ou aux autres urgentes affaires de la communauté.

Chaque habitant en particulier ne peut demander qu'on lui assigne sa part de la commune ; ce serait contrevenir directement à l'objet que l'on a eu lors de la concession de la commune, et anéantir l'avantage que la communauté en doit retirer à perpétuité.

Mais chaque habitant peut céder ou louer son droit indivis de pâturage dans la commune à un étranger, pourvu que celui-ci en use comme aurait fait son cédant, et n'y mette pas plus de bestiaux qu'il n'en aurait mis. C'est ce qui a été jugé par un arrêt du 1.ᵉʳ septembre 1705, rapporté au *Journal des audiences.*

En 1667, le roi fit remise aux communautés d'habitans, du tiers ou triage, qu'il était en droit de leur demander dans les communes relevant de lui. La même chose fut ordonnée pour les droits de tiers ou triage que les seigneurs particuliers pouvaient s'être fait faire depuis l'an 1630. Les triages plus anciens furent conservés aux seigneurs en rapportant leur titre. *(Voyez Journal des audiences.)*

Depuis 1789. L'Assemblée nationale, dans son décret et son instruction du 12 août 1790, sur les fonctions des assemblées administratives quant à ce qui concerne plus particulièrement le régime des campagnes, dit, chapitre VI : « L'extrême imperfection du régime actuel des biens communaux est reconnue » et dénoncée depuis long-temps. Les administrations proposeront des lois sur

» cette espèce de propriétés publiques, sur leur meilleur emploi, et sur la manière
» la plus équitable de les partager, de les vendre ou de les afferiner. »

Le 15-26 mai 1790, l'Assemblée nationale rendit un décret concernant l'abolition du droit de triage et la propriété des bois, pâturages, marais, vacans, terres vaines et vagues.

Le 21-31 mai 1790, décret concernant la distribution des bois communaux en France.

Le 14 août 1792, l'Assemblée nationale décrète,

1.º Que cette année, &c. tous les terrains et usages communaux, autres que les bois, seront partagés entre les citoyens de chaque commune;

2.º Que ces citoyens jouiront, en toute propriété, de leurs portions respectives;

3.º Que les biens connus sous le nom de *sursis* et *vacans* seront également divisés entre les habitans;

4.º Que pour fixer le mode du partage, le comité d'agriculture présentera dans trois jours le projet de décret.

. Le même jour 14 août 1792, l'Assemblée, sur la proposition d'un de ses membres, décrète, dans la vue de *multiplier les petits propriétaires,*

1.º Qu'en la présente année, et immédiatement après les récoltes, les terres, vignes et prés appartenant ci-devant aux émigrés, seront divisés par petits lots de deux, trois ou au plus quatre arpens, pour être ainsi mis à l'enchère et aliénés à perpétuité par bail à rente en argent, laquelle sera toujours rachetable; 2.º &c.

Le 28 août-14 septembre 1792, décret qui rétablit les communes et les citoyens dans les propriétes et droits dont ils ont été dépouillés par l'effet de la puissance féodale, &c. &c.

La Convention nationale, considérant que le partage des terrains communaux ordonné par le décret du 14 août 1792, ne peut s'exécuter que dans un terme encore éloigné, &c., ordonne, le 11 octobre 1792, que les communaux en culture continueront, jusqu'à l'époque du partage, à être cultivés et ensemencés comme par le passé.

. *DÉCRET du 10 juin 1793, qui détermine le mode de partage des biens communaux.* « Art. 1.ᵉʳ Les biens communaux sont ceux sur la propriété ou le
» produit desquels tous les habitans d'une ou de plusieurs communes, ou d'une
» section de commune, ont un droit commun.

» Art. 2. Une commune est une société de citoyens unis par des relations
» locales, soit qu'elle forme une municipalité particulière, soit qu'elle fasse

» partie d'une autre municipalité ; de manière que si une municipalité est com-
» posée de plusieurs sections différentes, et que chacune d'elles ait des biens
» communaux séparés, les habitans seuls de la section qui jouissait du bien com-
» munal auront droit au partage.

» Art. 3. Tous les biens appartenant aux communes, soit communaux,
» soit patrimoniaux, de quelque nature qu'ils puissent être, pourront être par-
» tagés, s'ils sont susceptibles de partage, dans les formes et d'après les règles
» ci-après prescrites, et sauf les exceptions qui seront prononcées. »

Les art. 4 et 5 prononcent des exceptions.

L'art. 6 porte : « Les communes ou les citoyens qui ont joui jusqu'à présent
» du droit d'y conduire leurs bestiaux (dans les lieux exceptés), continueront à
» en jouir comme par le passé. »

Quatre autres articles complètent cette première section ; le dernier de ces
quatre articles qui est le dixième de la section, porte : « Les communes seront
» tenues de justifier qu'elles ont pourvu à l'acquittement de leurs dettes, con-
» formément à la loi du 5 août 1791, avant de pouvoir procéder à aucun acte
» relatif au partage de leurs biens patrimoniaux. »

Sect. II. « Art. 1.ᵉʳ Le partage des biens communaux sera fait par tête
d'habitant domicilié, de tout âge et de tout sexe, absent ou présent.

» Art. 2. Les propriétaires non habitans n'auront aucun droit au partage.

» Art. 3. Sera réputé habitant tout citoyen français domicilié dans la com-
» mune un an avant la promulgation de la loi du 14 août 1792, ou qui ne
» l'aurait pas quittée un an avant cette époque pour aller s'établir dans une autre
» commune.

» Art. 4. Les fermiers, métayers, valets de labour, domestiques et géné-
» ralement tous citoyens, auront droit au partage, pourvu qu'ils réunissent les
» qualités exigées pour être réputé habitant.

» Art. 5. Tout citoyen est censé domicilié dans le lieu où il a son habitation,
» et il y aura droit au partage.

» Art. 7. Nul ne peut avoir droit au partage dans deux communes.

» Art. 12. Chaque habitant jouira, en toute propriété, de la portion qui lui
» écherra dans le partage.

» Art. 13. Il ne pourra cependant l'aliéner dans les dix années qui suivront
» la promulgation de la présente loi ; et la vente qu'il en pourrait faire, sera
» regardée comme nulle et non avenue. »

Sect. III. « Art. 1.ᵉʳ Le partage des biens communaux sera facultatif. »

Les autres articles de cette section règlent le mode d'assemblée, &c., des habitans qui seront réunis pour délibérer si leurs biens communs seront partagés en tout ou en partie, seront vendus ou affermés, &c. &c., ou s'il en sera joui en commun, &c. Ces articles règlent encore tout ce qui doit être fait après les délibérations, &c.

Sect. IV. Elle règle tout ce qui est relatif aux biens communaux connus sous les divers noms de *terres vaines et vagues*, *gastes*, *garrigues*, *landes*, *pacages*, &c.

Sect. V. Elle règle tout ce qui est relatif aux contestations qui pourraient s'élever à raison du mode de partage entre les communes, &c. &c.

DÉCRET du 8 août 1793, interprétatif de la Loi du 10 juin 1793. « La Conven-
» tion nationale déclare que l'article 12 de la sect. IV de la loi du 10 juin ne
» porte aucune atteinte aux droits qui résultent aux communes des dispositions
» des lois des 25 et 28 août 1792, relatives aux droits féodaux et au rétablis-
» sement des communes dans les propriétés et droits dont elles ont été dépouil-
» lées par l'effet de la puissance féodale. »

DÉCRET du 2 octobre 1793, qui ordonne que les procès des communes, à raison des biens communaux et patrimoniaux, seront jugés par la voie de l'arbitrage.

DÉCRET du 19 brumaire an 2. « La Convention nationale . . . . , voulant
» anéantir tous les obstacles qui pourraient reculer l'exécution de la loi sur le
» partage des biens communaux, décrète que le mode de provoquer, de
» décider et d'exécuter le partage des biens communaux, dont il est question
» dans l'article 2 de la sect. IV du décret du 10 juin, concernant le partage
» des biens communaux, est le même que celui prescrit par cette loi pour le
» partage des biens d'une seule commune entre ses habitans.

» En conséquence, les citoyens de ces différentes communes opéreront entre
» eux comme s'ils étaient tous habitans d'une seule commune. »

LOI du 2 prairial an 4. Elle ôte aux communes la faculté d'aliéner ou d'échanger leurs biens.

LOI du 21 prairial an 4. Elle porte qu'il sera provisoirement sursis aux poursuites résultant de l'exécution de la loi du 10 juin 1793 sur le partage des biens communaux, et que provisoirement sont maintenus dans leur jouissance tous possesseurs actuels desdits terrains.

Loi du 29 vendémiaire an 5. Elle règle la manière de suivre les actions dans lesquelles les communes sont seules intéressées.

Loi du 26 germinal an 11. Elle est relative au paiement des contributions assises sur les biens communaux.

Loi du 9 ventôse an 12. Elle est relative aux partages des biens communaux, effectués en vertu de la loi du 10 juin 1793 :

« Art. 1.er Les partages des biens communaux, effectués en vertu de la loi » du 10 juin 1793, et dont il a été dressé acte, seront exécutés.

» Art. 2. En conséquence, les copartageans ou leurs ayant-cause sont » définitivement maintenus dans la propriété et jouissance de la portion desdits » biens qui leur est échue, et pourront la vendre, aliéner, et en disposer » comme ils le jugeront convenable. »

L'article 3 est relatif aux partages qui ont eu lieu *sans qu'il en ait été dressé acte,* aux formalités qui doivent être remplies par les détenteurs, &c.

« Art. 4. L'aliénation définitive sera faite ...... en vertu d'une loi &c. » Les concessionnaires resteront en possession provisoire jusqu'à l'époque où » la loi aura été rendue, &c. &c.

» Art. 5. Les biens communaux possédés sans acte de partage, et n'étant » pas dans le cas précisé par l'article 3...., rentreront entre les mains des » communautés d'habitans.

» Art. 6. Toutes les contestations ...., seront jugées par le conseil » de préfecture.

» Art. 7. Quant aux actions que des tiers pourraient avoir à intenter...., » le sursis prononcé par la loi du 21 prairial an 4 à toutes poursuites et actions » résultant de l'exécution de la loi du 10 juin 1793, est levé.

» Art. 8. En conséquence, toutes personnes prétendant des droits de pro- » priété..... pourront se pourvoir par-devant les tribunaux ordinaires pour » raison de ces droits, à la charge de &c.

» Art. 9. Il ne sera prononcé de restitution de fruits en jouissance.... qu'à » compter du jour de la demande pour les particuliers, et à compter du 1.er » vendémiaire an 13 pour les communes.

» Art. 10 *et dernier.* Ne pourront les détenteurs..... évincés par suite » des actions intentées...., répéter aucune indemnité...., à moins qu'ils » n'aient fait des plantations et constructions ; auquel cas ils seront indemnisés » par la partie, conformément à la dernière disposition de l'article 548 du Code » civil. »

DÉCRET

DÉCRET IMPÉRIAL du 9 brumaire an 13, relatif au mode de jouissance des biens communaux. « Art. 1.er Les communautés d'habitans qui, n'ayant pas
» profité du bénéfice de la loi du 10 juin 1793, relative au partage des biens
» communaux, ont conservé, après la publication de cette loi, le mode de
» jouissance de leurs biens communaux, continueront de jouir de la même
» manière desdits biens.

» Art. 2. Ce mode ne pourra être changé que par un décret impérial, rendu
» sur la demande des conseils municipaux, après que le sous-préfet de l'arron-
» dissement et le préfet auront donné leur avis.

» Art. 3. Si la loi du 10 juin 1793 a été exécutée dans ces communes,
» et qu'en vertu de l'article 12, section III de cette loi, il ait été établi un
» nouveau mode de jouissance, ce mode sera exécuté provisoirement.

» Art. 4. Toutes les communautés d'habitans pourront délibérer, par l'organe
» des conseils municipaux, un nouveau mode de jouissance.

» Art. 5. La délibération du conseil sera, avec l'avis du sous-préfet, transmise
» au préfet, qui l'approuvera, rejettera ou modifiera en conseil de préfecture;
» sauf, de la part du conseil municipal, et même d'un ou de plusieurs habitans
» ou ayant-droit à la jouissance, le recours au Conseil d'état.

» Art. 6. Le ministre de l'intérieur est chargé &c. »

Voici de quelle manière les communes jouissent maintenant de *leurs biens communaux :*

1.º Par voie de jouissance commune, chaque habitant y envoyant paître son bétail, y coupant des fougères, &c. ;

2.º Par une jouissance restreinte: alors les habitans payent un droit à raison du bétail qu'ils y mettent ;

3.º Par des fermages que les communes retirent des locataires auxquels elles les louent en totalité ou en partie ;

4.º Par des partages temporaires par feux ou ménages, autorisés par des lois antérieures maintenues, &c. &c.

Les communes ne peuvent changer un de ces modes de jouissance, sans qu'elles y soient autorisées par un décret impérial, comme le porte l'article 2 du décret du 9 brumaire an 13 cité ci-dessus.

Bois faisant partie des biens communaux. Les bois se coupent par tête, si c'est de l'affouage ; si c'est des futaies, elles ne se coupent qu'avec l'autorisation de l'Empereur.

E

TITRE III.

DE LA PROPRIÉTÉ RURALE RELATIVEMENT AU GOUVERNEMENT,

CHAPITRE Ier

Police rurale.

SECTION Ire

Compétence des Tribunaux,

DISPOSITIONS DES LOIS.

LA police des campagnes ressortissait en général, avant la révolution, à la justice seigneuriale. Les amendes et les peines variaient suivant les coutumes.

EXTRAIT du Décret du 16 août 1790. Art. 10. Le juge de paix connaît sans appel jusqu'à la valeur de cinquante livres, et, à charge d'appel, à quelque valeur que la demande puisse monter,

1.° Des actions pour dommages faits, soit par les hommes, soit par les animaux, aux champs, fruits et récoltes ;

2.° Des déplacemens de bornes, des usurpations de terres, arbres, haies, fossés et autres clôtures, commis dans l'année, des entreprises sur les cours d'eau servant à l'arrosement des prés, commises pareillement dans l'année, et de toutes autres actions possessoires ;

3.° Des réparations locatives des maisons et fermes ;

4.° &c. &c.

LOI du 6 octobre 1791, tit. II. « Art. 1.er La police des campagnes est » spécialement sous la juridiction *des juges de paix et des officiers municipaux,* » et sous la surveillance des gardes champêtres et de la gendarmerie nationale.

» Art. 2. Tous les délits ci-après mentionnés sont, suivant leur nature, de la » compétence du juge de paix ou de la municipalité du lieu où ils auront été » commis.

» Art. 3. Tout délit rural ci-après mentionné sera punissable d'une amende ou » d'une détention, soit municipale, soit correctionnelle, ou de détention et » d'amende réunies suivant les circonstances et la gravité du délit, sans préjudice

» de l'indemnité qui pourra être due à celui qui aura souffert le dommage : dans
» tous les cas, cette indemnité sera payable par préférence à l'amende. L'indem-
» nité et l'amende sont dues solidairement par les délinquans.

» Art. 4. Les moindres amendes seront de la valeur d'une journée de travail au
» taux du pays, déterminée par le directoire de département; toutes les amendes
» ordinaires qui n'excéderont pas la somme de trois journées de travail, seront
» doubles en cas de récidive dans l'espace d'une année, ou si le délit a été
» commis avant le lever du soleil ou après son coucher; elles seront triples
» quand les deux circonstances précédentes se trouveront réunies. Elles seront
» versées dans la caisse de la municipalité du lieu.

» Art. 5. Le défaut de paiement des amendes et des dédommagemens ou in-
» demnités n'entraînera la contrainte par corps que vingt-quatre heures après le
» commandement.

» La détention remplacera l'amende à l'égard des insolvables; mais sa durée
» en commutation de peine ne pourra excéder un mois, dans les délits pour
» lesquels cette peine n'est point prononcée; et dans les cas graves où la
» détention est jointe à l'amende, elle pourra être prolongée du quart du
» temps prescrit par la loi.

» Art. 6. Les délits mentionnés au présent décret, qui entraîneraient une dé-
» tention de plus de trois jours dans les villes, seront jugés par voie de police
» correctionnelle; les autres le seront par voie de police municipale.

» Art. 7. Les maris, pères, mères, tuteurs, maîtres, entrepreneurs de toute
» espèce, seront civilement responsables des délits commis par leurs femmes et
» enfans, pupilles, mineurs n'ayant pas plus de vingt ans et non mariés, domes-
» tiques, ouvriers, voituriers et autres subordonnés. L'estimation du dommage
» sera toujours faite par le juge de paix ou ses assesseurs, ou par des experts par
» eux nommés.

» Art. 8. Les domestiques, ouvriers, voituriers et autres subordonnés, seront
» à leur tour responsables de leurs délits envers ceux qui les emploient. »

Loi du 20 messidor an 3. « Art. 5. La police rurale sera exercée provisoi-
» rement par le juge de paix.

» Art. 8. Le juge de paix prononcera sans délai contre les prévenus, et
» jugera d'après les dispositions de la loi du 28 septembre 1791.

» La peine sera pécuniaire et ne pourra être moindre de la valeur de cinq
» journées de travail, outre la restitution de la valeur du dégât ou du vol
» qui aura été fait; sans préjudice des peines portées par le Code pénal,

» lorsque la nature du fait y donnera lieu ; et, en ce cas, le juge de paix
» renverra au directeur du jury.

» Art. 9. Les jugemens prononcés seront exécutés dans la huitaine, à peine
» d'un mois de détention jusqu'au paiement, sans que la détention puisse excéder
» un mois, nonobstant l'appel. »

DÉCRET du 18 thermidor an 3. « La Convention nationale décrète : La
» valeur des journées de travail mentionnées dans l'art. 8 de la loi du 20 messidor
» an 3, relative à la conservation des récoltes et des propriétés rurales, sera
» évaluée sur le prix actuel de la journée dans le lieu où le délit aura été
» commis. »

CODE des délits et des peines, du 3 brumaire an 4. Dans le titre I.er du livre II,
dispositions qui augmentent les fonctions de la justice de paix considérée comme
tribunal de police......

L'article 596 de cette loi porte : « Tout exercice du pouvoir judiciaire,
» ci-devant attribué aux municipalités pour la punition des délits de police
» municipale et de police rurale, leur est interdit pour l'avenir.

» Art. 605. Sont punis des peines de simple police,

» 1.° &c. &c.

» 9.° Les personnes coupables des délits mentionnés dans le titre II de la
» loi du 28 septembre 1791 sur la police rurale, lesquelles étaient dans le cas
» d'être jugées par voie de police municipale.

» Art. 606. Le tribunal de police gradue, selon les circonstances et le plus
» ou moins de gravité du délit, les peines qu'il est chargé de prononcer, sans
» néanmoins qu'elles puissent, en aucun cas, ni être au-dessous d'une amende
» d'une journée de travail ou d'un jour d'emprisonnement, ni s'élever au-dessus
» de la valeur de trois journées de travail ou de trois jours d'emprisonnement.

» Art. 607. En cas de récidive, les peines suivent la proportion réglée par
» les lois des 19 juillet et 28 septembre 1791, et ne peuvent en conséquence
» être prononcées que par le tribunal correctionnel.

» Art. 608. Pour qu'il y ait lieu à une augmentation de peine pour cause
» de récidive, il faut qu'il y ait eu un premier jugement rendu contre le prévenu
» pour pareil délit, dans les douze mois précédens, et dans le ressort du même
» tribunal de police. »

Tit. II, *des peines correctionnelles.* « Art. 609. En attendant que les dispositions de
» l'ordonnance des eaux et forêts de 1669, les lois des 19 juillet et 28 septembre

» 1791 , celle du 20 messidor de l'an 3 , et les autres relatives à la police muni-
» cipale , correctionnelle, rurale et forestière, aient pu être révisées , les tribu-
» naux correctionnels appliqueront aux délits qui sont de leur compétence les
» peines qu'elles prononcent. »

Loi du 23 thermidor an 4. « Art. 2. La peine d'une amende de la valeur
» d'une journée de travail ou d'un jour d'emprisonnement , fixée comme la
» moindre par l'article 606 du Code des délits et des peines , ne pourra, pour
» tout délit rural ou forestier, être au-dessous de trois journées de travail, ou
» de trois jours d'emprisonnement.

» Art. 3. Les lois rendues sur la police rurale seront, au surplus , exécutées, »

Une loi du 7 pluviôse an 9 apporte quelques restrictions aux fonctions de la
justice de paix, considérée comme tribunal de police.

Une loi du 29 ventôse an 9 supprime les assesseurs ; et les juges de paix rem-
plissent seuls les fonctions de police judiciaire.

Section V.

Gardes ruraux.

DISPOSITIONS DES LOIS.

Il y avait des pays où l'on commettait quelqu'un dans chaque territoire pour
la garde des moissons , de même que pour *les vignes ;* ce qui dépendait de
l'usage du lieu.

Charles V , par des lettres du 19 juin 1369, permit aux maïeurs et
échevins d'Abbeville d'établir des gardes des ablais ou grains pendans par les
racines , avec pouvoir à ces gardes de *saisir les charrois et bestiaux qui cause-
raient du dommage dans les terres,* et de condamner à l'amende ceux qui les
conduiraient.

Avant l'ordonnance de 1669 sur les eaux et forêts , il y avait plusieurs
espèces de gardes préposés pour veiller à la conservation des forêts. Ces gardes
furent supprimés , et l'ordonnance y substitua des gardes généraux à cheval ,
et *des sergens à gardes ou gardes à pied :* ceux-ci étaient seuls avant la
révolution chargés de la garde des forêts. (*Voyez* l'ordonnance pour leur
régime , et leurs fonctions, &c.)

Depuis la révolution il a été établi des gardes champêtres.

La loi du 28 septembre 1791, tit. I.ᵉʳ , sect.. VII , porte : Art. 1.ᵉʳ ,
« Pour assurer les propriétés et conserver les récoltes, il pourra être établi *des*

» *gardes champêtres* dans les municipalités , sous la juridiction des juges de
» paix et sous la surveillance des officiers municipaux.

» Ils seront nommés par le conseil général de la commune, et ne pour-
» ront être changés ou destitués que dans la même forme.

» Art. 2. Plusieurs municipalités pourront choisir et payer le même garde
» champêtre ; et une municipalité pourra en avoir plusieurs.

» Dans les municipalités où il y a des gardes établis pour la conservation
» des bois , ils pourront remplir les deux fonctions.

» Art. 3. Ils seront payés par la communauté ou les communautés, &c. &c.
» Leurs gages seront prélevés sur les amendes, qui appartiendront en entier à la
» communauté, &c. &c. &c.

» Art. 4. Ils pourront porter toutes sortes d'armes qui seront jugées leur
» être nécessaires par le directoire de département.

» Ils auront sur le bras une plaque, &c. &c.

» Art. 5. Ils seront âgés au moins de vingt-cinq ans ; ils seront reconnus
» pour gens de bonnes mœurs , et ils seront reçus par le juge de paix, &c. &c.

» Art. 6. Ils feront, affirmeront et déposeront leurs rapports devant le juge
» de paix de leur canton ou l'un de ses assesseurs, ou feront devant l'un ou
» l'autre leurs déclarations.

» Leurs rapports ainsi que leurs déclarations , lorsqu'ils ne donneront lieu
» qu'à des réclamations pécuniaires , feront foi en justice pour tous les délits
» mentionnés dans la police rurale, *sauf la preuve contraire.*

» Art. 7. Ils seront responsables des dommages, dans le cas où ils négligeront
» de faire, dans les vingt-quatre heures, le rapport des délits.

» Art. 8. La poursuite des délits ruraux sera faite au plus tard dans le délai
» d'un mois, soit par les parties lésées, soit par le procureur de la commune
» ou ses substituts , s'il y en a , soit par des hommes de loi commis à cet effet
» par la municipalité ; faute de quoi il n'y aura plus lieu à poursuite. »

Même loi, tit. II. « Art. 1.ᵉʳ La police des campagnes est spécialement
» sous la juridiction des juges de paix..... et sous *la surveillance des gardes*
» *champêtres* et de la gendarmerie nationale. »

Loi du 20 messidor an 3. « Art. 1.ᵉʳ Il sera établi...., des gardes cham-
» pêtres dans toutes les communes rurales de la république. Les gardes déjà
» nommés dans celles où il y en a , pourront être réélus d'après le mode
» suivant.

» Art. 2. Ils ne pourront être choisis que parmi les citoyens dont la probité,
» le zèle et le patriotisme seront généralement reconnus, &c. &c.

» Leur traitement sera &c., et réparti au marc la livre de l'imposition
» foncière. »

» Art. 3. Il y aura au moins un garde par commune; et la municipalité
» jugera de la nécessité d'y en établir davantage.

» Art. 4. Tout propriétaire aura le droit d'avoir pour ses domaines un
» garde champêtre.

» Il sera tenu de le faire agréer par le conseil de la commune, et confirmer
» par le district : ce droit ne pourra l'exempter néanmoins de contribuer au
» traitement du garde de la commune.

» Art. 5. Les gardes champêtres seront tenus de citer devant le juge de paix
» les citoyens pris en flagrant délit. Si le délinquant n'est pas domicilié et refuse
» de se rendre à la citation, le garde pourra requérir de la municipalité main-
» forte, et les citoyens requis ne pourront se refuser d'obéir aux ordres qui
» leur seront donnés.

» Art. 6. Sur les indications administrées par les gardes champêtres, le juge
» de paix pourra autoriser des recherches envers les personnes soupçonnées de
» vols, en présence de deux officiers municipaux.

» Art 11. La conservation des récoltes est mise sous la surveillance et la
» garde de tous les bons citoyens.

» Art. 12. Il sera placé à la sortie principale de chaque commune l'ins-
» cription suivante :

» *Citoyen, respecte les propriétés et les productions d'autrui ; elles sont le fruit de*
» *son travail et de son industrie.*

» Art. 13. La Convention nationale décrète que le titre II de la loi du
» 6 octobre 1791, sur la police rurale, sera imprimé de nouveau, &c. &c. »

EXTRAIT de la loi du 3 brumaire an 4 (Code des délits et des peines).
« Art. 38. Il y a dans chaque commune rurale au moins un garde cham-
» pêtre.

» L'objet de son institution est la conservation des récoltes, fruits de la
» terre, et des propriétés rurales de toute espèce.

» Le mode de sa nomination, et ses fonctions considérées comme dépen-
» dances de la police administrative, sont réglés par les lois relatives aux ad-
» ministrations civiles.

» Art. 40. Tout propriétaire a le droit d'avoir, pour la conservation de ses
» propriétés , un garde champêtre ou forestier.

» Il est tenu de le faire agréer par l'administration municipale. »

Attributions des gardes champêtres. « Art. 41. Les gardes champêtres et les
» gardes forestiers, considérés comme commissaires de police judiciaire, sont
» chargés,

» De rechercher respectivement tous les délits qui portent atteinte aux
» propriétés rurales et forestières ;

» De dresser des procès-verbaux indicatifs de leur nature et de leurs circons-
» tances, du temps et du lieu où ils ont été commis, des preuves et indices
» qui existent sur les prévenus ;

» De suivre les objets volés dans les lieux où ils ont été transportés, et de
» les mettre en séquestre, sans pouvoir néanmoins s'introduire dans les mai-
» sons, ateliers, bâtimens et cours adjacentes, si ce n'est en présence, soit
» d'un officier ou agent municipal ou de son adjoint, soit d'un commissaire
» de police ;

» D'arrêter et de conduire devant le juge de paix, en se faisant, pour cet
» effet, donner main-forte par la commune du lieu, qui ne peut la refuser,
» tout individu qu'il surprendra en flagrant délit.

» Art. 43. Les gardes champêtres remettent leurs procès-verbaux au com-
» missaire du pouvoir exécutif près l'administration municipale.

» Art. 44. La remise de chaque procès-verbal se fait, au plus tard, le
» troisième jour après la reconnaissance du délit qui en est l'objet.

» Art. 45. Si le délit est de nature à mériter une peine au-dessus de la
» valeur de trois journées de travail, ou de trois jours d'emprisonnement, le
» commissaire du pouvoir exécutif envoie le procès-verbal au juge de paix,
» qui agit, en conséquence, comme officier de police judiciaire, &c. &c.

» Art. 46. Si le procès-verbal a pour objet un délit dont la peine n'excède
» pas la valeur de trois journées de travail, ou trois jours d'emprisonnement,
» le commissaire du pouvoir exécutif fait citer le prévenu devant le tribunal
» de police désigné, livre II, titre I.ᵉʳ de cette loi.

» Art. 47. Le commissaire du pouvoir exécutif est tenu de dénoncer au
» directeur du jury les négligences, abus et malversations des gardes cham-
» pêtres et des gardes forestiers. Le même devoir est imposé aux commissaires
» de police, aux juges de paix, et à tout fonctionnaire public et agent du
» Gouvernement. »

Loi

Loi du 23 thermidor an 4. « Art. 1.er Les procès-verbaux des gardes cham-
» pêtres et forestiers ne seront pas soumis à la formalité de l'enregistrement.
» Les gardes champêtres seront seulement tenus *d'en affirmer la sincérité,* dans
» les vingt-quatre heures, devant le juge de paix ou l'un de ses assesseurs. »

Une loi du 28 pluviôse an 8 porte que les gardes champêtres seront nommés
par les maires ; que leur traitement sera réglé par le préfet, sur la proposition du maire et l'avis du sous-préfet.

Un arrêté du 25 fructidor an 9 porte : « Art. 1.er Les gardes champêtres
» des communes seront à l'avenir choisis parmi les vétérans nationaux et autres
» anciens militaires.

» Art. 2. Le ministre de la guerre enverra à chaque préfet, l'état nominatif
» des vétérans et anciens militaires résidant dans le département, et en état de
» remplir les fonctions de gardes champêtres. Les préfets feront passer aux
» sous-préfets la liste des vétérans et anciens militaires de leur arrondissement.

» Art. 3. Lorsqu'il y aura lieu à nommer un garde, le maire le choisira, &c.
» Le conseil municipal devra approuver &c.

» Art. 6. Les vétérans ou anciens militaires gardes champêtres seront en tout
» traités comme l'étaient les gardes champêtres des communes ; ils seront soumis
» aux mêmes obligations.

» Art. 7. Les dispositions de cet arrêté ne sont point applicables aux com-
» munes dans lesquelles les salaires du garde champêtre n'équivaudraient pas à
» la somme de cent quatre-vingts francs par an. »

Dispositions du Projet de Code criminel. — 1.º *De la police, &c.,* II.e
part., liv. I.er, chap. II. « Art. 457. Les adjoints de maire, ou, à leur défaut,
» les maires dans les communes au-dessous de cinq mille habitans, et, dans
» les communes au-dessus, les commissaires de police, outre les fonctions
» qui leur sont attribuées dans la police administrative, exerceront la police
» judiciaire, &c. &c.

» Art. 458. Ils seront spécialement chargés de rechercher les contra-
» ventions de police, même celles qui seraient relatives aux bois, sauf la
» concurrence des gardes forestiers, et celles qui seraient relatives aux autres
» productions de la terre, sauf la concurrence des gardes champêtres ; de rece-
» voir rapports, plaintes, dénonciations, &c. ; de dresser des procès-verbaux, &c. ;
» de recueillir preuves et indices, &c.

» Art. 459. Ils exerceront ces fonctions dans toute l'étendue de leurs com-
» munes respectives, &c. »

F

2.º *Gardes champêtres*, II.ᵉ part., liv. I.ᵉʳ, chap. III. « Art. 463. Dans
» chaque commune rurale, il y aura au moins un garde champêtre, &c.

» Art. 465. Tout propriétaire, colon ou fermier de biens ruraux, aura le
» droit d'avoir, pour la conservation de ses propriétés, un ou plusieurs gardes
» champêtres.

» Il sera tenu de les faire agréer par les maires, ou, à leur défaut, par les
» adjoints des communes, &c.

» Art 466. Nul ne pourra être garde champêtre ou forestier, s'il ne sait
» signer.

» Art. 467. Les gardes champêtres des communes, des particuliers, les
» gardes forestiers considérés comme officiers de police judiciaire, sont chargés
» de rechercher respectivement les délits, les contraventions, &c.; de dresser
» des procès-verbaux, &c.; de suivre les choses enlevées, &c.; d'arrêter et
» de conduire devant le juge de paix ou son suppléant . . . . tout individu qu'ils
» auront surpris en flagrant délit.

» Art 468. Les rapports des gardes champêtres ou forestiers qui ne sauront
» pas dresser un procès-verbal, seront rédigés par les adjoints de maire, ou,
» en leur absence, par les maires. . . Ces rapports seront signés par les gardes
» et par ceux qui les auront rédigés.

» Art. 469. Les procès-verbaux. . . . seront affirmés par-devant le juge de
» paix ; en son absence de la commune où la contravention ou le délit a
» été commis, par-devant l'un des suppléans, ou enfin, en cas d'absence
» de ceux-ci, devant le maire ou l'adjoint du lieu.

» Art. 473. Les gardes champêtres des communes ou des particuliers
» remettront leurs procès-verbaux ou rapports aux commissaires de police des
» communes chefs-lieux de justice de paix, ou à l'adjoint du maire dans
» les communes où il n'y a point de commissaire de police. . . . La remise se
» fera, au plus tard, le troisième jour après la reconnaissance du fait qui en
» aura été l'objet. »

SECTION VI.

Délits ruraux.

DISPOSITIONS DES LOIS.

ARTICLES PRÉLIMINAIRES.

La loi du 28 septembre 1791 n'a point déterminé ce que l'on doit entendre par une maison habitée, &c., chemin ou voie publique ; elle ne parle que de ce qui constitue la clôture ou l'héritage clos. (*Art. 6 de la section IV du titre Ier*)

« Art. 6. L'héritage sera réputé clos, lorsqu'il sera entouré d'un mur de quatre » pieds de hauteur, avec barrière ou porte, ou lorsqu'il sera exactement fermé » ou entouré de palissades ou de treillages, ou d'une haie vive, ou d'une haie » sèche faite avec des pieux ou cordelée, avec des branches, ou de toute autre » manière de faire des haies en usage dans chaque localité, ou enfin d'un fossé » de quatre pieds de large au moins à l'ouverture, et de deux pieds de pro- » fondeur.

Le Projet actuel de Code criminel définit ce qu'on doit entendre par maison habitée, &c. &c. &c. La Commission a trouvé ces définitions très-justes, très-exactes, et elle les a adoptées à quatre ou cinq expressions près. (Voyez *ce Projet de Code, Ire partie, articles 348, 350, 351, 352.*)

Circonstances aggravantes.

LOI du 28 septembre 1791, tit. II : « Art. 4. Toutes les amendes ordinaires, » qui n'excéderont pas la somme de trois journées de travail, seront doubles en » cas de récidive dans l'espace d'une année, ou si le délit a été commis avant » le lever ou après le coucher du soleil ; elles seront triples quand les deux » circonstances précédentes se trouveront réunies. Elles seront versées dans la » caisse de la municipalité du lieu.

Dégâts, Dégradations, Dommages.

LOI des douze Tables. — 3.e Table. « Si quelqu'un, soit pour insulter, soit » pour causer du dommage, coupe des arbres qui ne sont point à lui, qu'il » paye vingt-cinq livres d'airain pour chaque arbre.

7.e Table. » Que celui qui, la nuit, égrène ou coupe le blé d'autrui ou » autres productions, ou qui mène ses bestiaux paître dans son champ, s'il » est pubère, soit dévoué à *Cérès* et pendu : s'il est impubère, qu'il paye le » double du dommage, et qu'il soit fouetté de verges à la discrétion du pré- » teur. »

Coutumes. — La plupart permettent à tous propriétaires, ainsi qu'à leurs serviteurs, de se saisir des bêtes qui sont surprises en méfait, ainsi que des effets appartenant aux gardes des troupeaux, tels qu'un habit ou une houlette, une gibecière, et de déférer le tout à l'instant à la justice.

Plusieurs, telles que celles de Nivernais, Montargis, Orléans, Bordeaux,

Berry, Reims, Blois, Poitou, la Marche et Auvergne, permettent au saisissant de garder chez lui les bestiaux saisis, pendant vingt-quatre heures, après lesquelles il est obligé de les conduire au chef-lieu de la seigneurie, à peine de payer une amende, qui est différente suivant les diverses coutumes.

Lorsque le chef-lieu de la seigneurie est éloigné, ou qu'il n'y a pas de lieu propre à garder les bestiaux saisis, le propriétaire ou le garde qui les a saisis est autorisé à les mettre en *fourrière*, c'est-à-dire, en dépôt chez un voisin ou autre personne, à en dresser procès-verbal et le signifier au maître des bestiaux, avec assignation dans les vingt-quatre heures.

Il y a cette différence entre la saisie faite par un garde ou par le propriétaire de l'héritage endommagé, que la saisie faite par le garde est toujours soumise à la discussion de la justice, au lieu que le propriétaire saisissant peut s'accommoder à l'amiable avec la partie saisie, même lui remettre les dommages et intérêts qu'il pourrait prétendre, sans que le seigneur puisse s'en plaindre ni exiger l'amende que la coutume lui accorde.

Lorsque les bestiaux ne sont pas réclamés dans les délais fixés par la coutume du lieu, le propriétaire qui a reçu le dommage, ou le seigneur, peut demander qu'ils soient vendus par autorité de justice au premier marché du lieu, ou, s'il n'y en a pas, au marché le plus voisin. Cette vente doit être précédée d'une publication devant l'église paroissiale, à l'issue de la messe. Les deniers de la vente sont employés au paiement de la nourriture de la bête, de l'amende et des dommages et intérêts du propriétaire de l'héritage endommagé : le surplus doit être rendu au maître des bestiaux.

Mais si le propriétaire des bestiaux saisis les réclame, les coutumes veulent qu'ils soient rendus, en donnant par lui caution de payer le dommage. Il est même déchargé de donner caution, lorsqu'il possède dans l'étendue de la seigneurie un bien suffisant pour répondre du dommage causé par les bestiaux ; mais s'il usait de violence pour les retirer des mains du saisissant, il serait condamné à une deuxième amende, qui est différemment prescrite par les coutumes.

L'action à intenter est temporelle ; elle se prescrit par un certain laps de temps. Quelques coutumes n'accordent au saisissant que trois jours, d'autres huit, d'autres quarante, d'autres trois mois, quelques-unes un an. Cependant il faut que l'action soit intentée assez à temps pour que le dommage puisse être constaté.

Il y a des coutumes qui permettent, malgré la défense du droit civil, de tuer certaines espèces d'animaux qu'on trouve en dommage sur des héritages ; ces animaux sont le *bouc* et la *chèvre*, les *porcs* et les *oies*.

Quelques coutumes ne permettent de tuer qu'un seul de ces animaux ; d'autres laissent la liberté indéfinie sur le nombre : mais dans l'un et l'autre cas, elles exigent *qu'on laisse sur la place les animaux tués*, sans permettre au propriétaire de l'héritage de les enlever. Elles lui interdissent aussi *toute action en dommages et intérêts*, parce qu'il s'est fait justice à lui-même.

La coutume de Labour permet à celui qui a tué un cochon faisant le dégât dans ses terres, de l'enlever et d'en disposer à sa volonté. Elle laisse néanmoins au maître du cochon le choix de le retirer en payant quinze *ardits*, lorsqu'il a été tué pendant la nuit ; mais il faut qu'il le réclame avant qu'il ait été dépecé, autrement il n'y est plus reçu.

L'action en dommages n'a pas lieu lorsque le dommage a été causé par cas fortuit. Les coutumes d'Orléans et de Montargis ont une disposition expresse sur ce sujet qui doit servir de droit commun, parce qu'elle est conforme à la raison et à l'équité.

Les diverses coutumes ne signalent pas toutes les dégradations, tous les dégâts qui peuvent être commis dans les campagnes ; et leurs dispositions varient beaucoup sur l'amende, la peine, &c. qu'ils entraînent. Une législation commune à toute la France était devenue nécessaire ; en conséquence, la loi du 28 septembre 1791 a abrogé toutes les dispositions des coutumes, et leur a substitué celles qui suivent, obligatoires pour tout l'Empire.

Loi des 28 septembre-6 octobre 1791. Tit. II. *De la police.* « Art. 12. Les dégâts » que les bestiaux de toute espèce laissés à l'abandon feront sur les propriétés » d'autrui, soit dans l'enceinte des habitations, soit dans un enclos rural, soit » dans les champs ouverts, seront payés par les personnes qui ont la jouissance » des bestiaux : *si elles sont insolvables*, ces dégâts seront payés par celles qui en » ont la propriété. Le propriétaire qui éprouvera les dommages, aura le droit de » saisir les bestiaux, sous l'obligation de les faire conduire, dans les vingt- » quatre heures, au lieu du dépôt qui sera désigné, à cet effet, par la muni- » cipalité.

» Il sera satisfait aux dégâts par la vente des bestiaux, s'ils ne sont pas » réclamés, ou si le dommage n'a point été payé dans la huitaine du jour du » délit.

» Si ce sont des volailles, de quelque espèce que ce soit, qui causent le

» dommage, le propriétaire, le détenteur ou le fermier qui l'éprouvera, pourra
» les tuer, mais seulement sur le lieu, au moment du dégât.

» Art. 24. Il est défendu de mener sur le terrain d'autrui des bestiaux
» d'aucune espèce, et en aucun temps, dans les prairies artificielles, dans les
» vignes, oseraies, dans les plants de câpriers, dans ceux d'oliviers, de mûriers,
» de grenadiers, d'orangers et arbres de même genre, dans tous les plants ou
» pépinières d'arbres fruitiers et autres faits de main d'homme.

» L'amende encourue pour le délit sera une somme de la valeur du dédom-
» magement dû au propriétaire. L'amende sera double si le dommage a été
» fait dans un enclos rural; et suivant les circonstances, il pourra y avoir lieu
» à la détention de police municipale.

» Art. 26. Quiconque sera trouvé gardant à vue ses bestiaux dans les
» récoltes d'autrui, sera condamné, en outre du paiement du dommage, à une
» amende égale à la somme du dédommagement, et pourra l'être, suivant les
» circonstances, à une détention qui n'excédera pas une année.

» Art. 38. Les dégâts faits dans les bois taillis des particuliers ou des com-
» munautés, par des bestiaux ou troupeaux, seront punis de la manière
» suivante :

» Il sera payé d'amende, pour une bête à laine, une livre; pour un cochon,
» une livre; pour une chèvre, deux livres; pour un cheval ou une autre bête de
» somme, deux livres; pour un bœuf, une vache ou un veau, trois livres.

» Si les bois taillis sont dans les six premières années de leur croissance,
» l'amende sera double.

» Si les dégâts sont commis en présence du pâtre et dans des bois taillis
» de moins de six années, l'amende sera triple.

» S'il y a récidive dans l'année, l'amende sera double; et s'il y a réunion des
» deux circonstances précédentes, ou récidive avec une des deux circonstances,
» l'amende sera quadruple.

» Le dédommagement dû au propriétaire sera estimé de gré à gré ou à
» dire d'experts. »

« Art. 25. Les conducteurs de bestiaux revenant des foires, ou les menant
» d'un lieu à un autre, même dans les pays de parcours ou de vaine pâture, ne
» pourront les laisser pacager sur les terres des particuliers ni sur les commu-
» naux, sous peine d'une amende de la valeur de deux journées de travail,
» en outre du dédommagement. L'amende sera égale à la somme du

» dédommagement, si le dommage est fait sur un terrain ensemencé ou qui
» n'a pas été dépouillé de sa récolte, ou dans un clos rural.

» A défaut de paiement, les bestiaux pourront être saisis et vendus jusqu'à
» concurrence de ce qui sera dû pour l'indemnité, l'amende et autres frais
» relatifs ; il pourra même y avoir lieu, envers les conducteurs, à la détention
» de police municipale, suivant les circonstances. »

« Art. 31. Toute rupture ou destruction d'instrumens de l'exploitation des
» terres, qui aura été commise dans les champs ouverts, sera punie d'une
» amende égale à la somme du dédommagement dû au cultivateur, et d'une
» détention qui ne sera jamais de moins d'un mois, et qui pourra être
» prolongée jusqu'à six, suivant la gravité des circonstances. »

« Art. 17. Il est défendu à toute personne de recombler les fossés, de
» dégrader les clôtures, de couper des branches de haies vives, d'enlever des
» bois secs des haies, sous peine d'une amende de la valeur de trois journées
» de travail. Le dédommagement sera payé au propriétaire ; et, suivant la
» gravité des circonstances, la détention pourra avoir lieu, mais au plus pour
» un mois. »

« Art. 43. Quiconque aura coupé ou détérioré des arbres plantés sur les
» routes, sera condamné à une amende du triple de la valeur des arbres, et
» à une détention qui ne pourra excéder six mois. »

« Art. 41. Tout voyageur qui déclorra un champ pour se faire un passage
» dans sa route, paiera le dommage fait au propriétaire, et de plus une
» amende de la valeur de trois journées de travail, à moins que le juge de
» paix du canton ne décide que le chemin public était impraticable, et alors
» les dommages et les frais de clôture seront à la charge de la communauté. »

« Art. 32. Quiconque aura déplacé ou supprimé des bornes, ou pieds-
» corniers, ou autres arbres plantés ou reconnus pour établir les limites entre
» différens héritages, pourra, en outre du paiement et des frais de remplace-
» ment des bornes, être condamné à une amende de la valeur de douze
» journées de travail, et sera puni par une détention dont la durée, propor-
» tionnée à la gravité des circonstances, n'excédera pas une année : la déten-
» tion, cependant, pourra être de deux années, s'il y a transposition de
» bornes à fin d'usurpation. »

« Art. 40. Les cultivateurs ou tous autres qui auront dégradé ou détérioré,
» de quelque manière que ce soit, des chemins publics, ou usurpé sur leur
» largeur, seront condamnés à la réparation ou à la restitution, et à une

» amende qui ne pourra être moindre de trois livres ni excéder vingt-
» quatre livres. »

« Art. 42. Le voyageur qui, par la rapidité de sa voiture ou de sa mon-
» ture, tuera ou blessera des bestiaux sur les chemins, sera condamné à une
» amende égale à la somme du dédommagement dû au propriétaire des
» bestiaux. »

« Art. 10. Toute personne qui aura allumé du feu dans les champs pluspr ès
» que de cinquante toises des maisons, bois, bruyères, vergers, haies, meules
» de grains, de paille ou de foin, sera condamnée à une amende égale à la
» valeur de douze journées de travail, et paiera, en outre, le dommage que
» le feu aurait occasionné; le délinquant pourra, de plus, suivant les cir-
» constances, être condamné à la détention de police municipale. »

Le Projet de Code criminel contient quelques dispositions sur les dégradations, dommages, &c., dans le liv. III, Ire part., art. 404, 405, 406,
407, 408, 409, 415; et dans la même Ire part., liv. IV, art. 430, 435,
439.

Vols.

Loi des 28 septembre-6 octobre 1791, tit. II. « Art. 28. Si quelqu'un, avant leur
» maturité, coupe ou détruit de petites parties de blés en vert ou d'autres
» productions de la terre, sans intention manifeste de les voler, il paiera, en
» dédommagement, au propriétaire, une somme égale à la valeur que l'objet
» aurait eue dans sa maturité; il sera condamné à une amende égale à la somme
» du dédommagement, et il pourra être condamné, en outre, à la détention de
» police municipale.

» Art. 29. Quiconque sera convaincu d'avoir dévasté des récoltes sur pied
» ou abattu des plants venus naturellement ou faits de main d'homme, sera
» puni d'une amende double du dédommagement dû au propriétaire, et d'une
» détention qui ne pourra excéder deux années.

» Art. 33. Celui qui, sans la permission du propriétaire ou fermier, enlevera
» des fumiers, de la marne ou tous autres engrais portés sur les terres, sera
» condamné à une amende qui n'excédera pas la valeur de six journées de travail,
» en outre du dédommagement, et pourra l'être à la détention de police muni-
» cipale. L'amende sera de douze journées, et la détention pourra être de trois
» mois, si le délinquant a fait tourner à son profit lesdits engrais.

» Art. 34. Quiconque maraudera, dérobera des productions de la terre
» qui peuvent servir à la nourriture des hommes, ou d'autres productions utiles,
» sera

» sera condamné à une amende égale au dédommagement dû au propriétaire
» ou fermier ; il pourra aussi, suivant les circonstances du délit, être condamné
» à la détention de police municipale.

» Art. 35. Pour tout vol de récolte fait avec des paniers ou des sacs, ou à
» l'aide des animaux de charge, l'amende sera du double du dédommagement ;
» et la détention, qui aura toujours lieu, pourra être de trois mois, suivant la
» gravité des circonstances.

» Art. 36. Le maraudage ou enlèvement de bois , fait à dos d'homme
» dans les bois taillis ou futaies, ou autres plantations d'arbres des particuliers
» ou communautés, sera puni d'une amende double du dédommagement dû au
» propriétaire. La peine de la détention pourra être la même que celle portée
» à l'article précédent.

» Art. 37. Le vol dans les bois taillis, futaies et autres plantations d'arbres
» des particuliers ou communautés, exécuté à charge de bête de somme ou de
» charrette, sera puni par une détention qui ne pourra être de moins de trois
» jours ni excéder six mois. Le coupable paiera en outre une amende triple
» de la valeur du dédommagement dû au propriétaire. »

Vols. Le Projet de Code criminel contient quelques dispositions sur cette
branche des délits ruraux, dans la Ire partie, livre III, article 362, et dans
le livre IV, articles 430 et 439.

CHAPITRE II.

Police des Habitations rurales.

DISPOSITIONS DES LOIS.

Loi des 28 septembre-6 octobre 1791, titre II. « Art. 9. Les officiers municipaux
» veilleront généralement à la tranquillité, à la salubrité, à la sûreté des cam-
» pagnes. Ils seront tenus particulièrement de faire, au moins une fois par an, la
» visite des fours et cheminées de toutes maisons, de tous bâtimens éloignés de
» moins de cent toises d'autres habitations. Ces visites seront préalablement
» annoncées huit jours d'avance.

» Après la visite, ils ordonneront la réparation ou la démolition des fours
» et des cheminées qui se trouveront dans un état de délabrement qui pourrait
» occasionner un incendie ou d'autres accidens ; il pourra y avoir lieu à une
» amende au moins de six, livres et au plus de vingt-quatre livres. »

G

CHAPITRE III.

Échenillage.

DISPOSITIONS DES LOIS.

Loi du 26 ventôse an 4. « Art. 1.er Dans la décade de la publication de la
» présente loi, tous propriétaires, fermiers, locataires ou autres, faisant valoir
» leurs propres héritages ou ceux d'autrui, seront tenus, chacun en droit soi,
» d'écheniller ou faire écheniller les arbres étant sur lesdits héritages, à peine
» d'une amende qui ne pourra être moindre de trois journées de travail, et plus
» forte de dix.

» Art. 2. Ils sont tenus, sous les mêmes peines, de brûler sur-le-champ les
» bourses et toiles qui sont tirées des arbres, haies ou buissons, et ee dans un
» lieu où il n'y aura aucun danger de communication de feu, soit pour les
» bois, arbres et bruyères, soit pour les maisons et bâtimens.

» Art. 3. Les administrateurs de département feront écheniller, dans le même
» délai, les arbres étant sur les domaines nationaux non affermés.

» Art. 4. Les agens et adjoints des communes sont tenus de surveiller
» l'exécution de la présente loi dans leurs arrondissemens respectifs; ils sont
» responsables des négligences qui y sont découvertes.

» Art. 5. Les commissaires du Directoire exécutif près les municipalités,
» sont tenus, dans la deuxième décade, de vérifier tous les terrains garnis d'ar-
» bres, d'arbustes, haies ou buissons, pour s'assurer que l'échenillage aura été fait
» exactement, et d'en rendre compte au ministre chargé de cette partie.

» Art. 6. Dans les années suivantes, l'échenillage sera fait, sous les peines
» portées par les articles ci-dessus, avant le 1.er ventôse.

» Art. 7. Dans le cas où quelques propriétaires ou fermiers auraient négligé
» de le faire pour cette époque, les agens et adjoints le feront faire aux dépens
» de ceux qui l'auront négligé, par des ouvriers qu'ils choisiront : l'exécutoire
» des dépenses leur sera délivré par le juge de paix, sur les quittances des ou-
» vriers, contre lesdits propriétaires et locataires, et sans que ce paiement puisse
» les dispenser de l'amende.

» Art. 8. La présente loi sera publiée le 1.er pluviôse de chaque année, à la
» diligence des agens des communes, sur le réquisitoire du commissaire du
» Directoire exécutif. »

CHAPITRE IV.

Échardonnage.

Il n'y a point de dispositions générales sur l'échardonnage ; quelques cantons seulement de la France avaient des réglemens de police sur cet objet.

Desséchemens.

DISPOSITIONS DES LOIS.

Pour favoriser l'agriculture, différentes lois ont anciennement attribué des priviléges ou exemptions aux personnes qui entreprenaient de dessécher des marais ou des terres inondées, pour les mettre en valeur.

On voit que, par un édit du 8 avril 1599, Henri IV accorde au sieur Henri Roy Bradley, maître des digues de France, la propriété incommutable de la moitié de tous les marais dépendans du domaine qu'il parviendrait à dessécher, à la charge seulement de payer un cens à cet égard.

En 1607, le même prince donna un nouvel édit, par lequel il spécifia plus particulièrement les priviléges dont il voulait que jouissent ceux qui entreprendraient les desséchemens dont il s'agit. Ces priviléges ont depuis été confirmés par différentes lois, telles que les déclarations des 5 juillet et 19 octobre 1613, 4 mai 1641, 20 juillet 1643, un édit de juillet 1656, une déclaration du 14 juin 1764, et les lettres-patentes données le 30 mai 1767.

En 1769, il s'est élevé au parlement de Flandre une difficulté sur l'interprétation de la déclaration du 14 juin 1764. Il s'agissait de savoir si cette loi doit avoir un effet rétroactif pour les desséchemens faits avant sa promulgation : le parlement n'a pas voulu décider la question, et il a renvoyé les parties par-devant le roi, qui a déclaré, le 10 janvier 1770, par lettres-patentes, que l'effet rétroactif devait avoir lieu ; elles ont été enregistrées au parlement de Flandre le 23 février suivant.

Décret sur le desséchement des marais, du 24 août 1790. « Art. 1.er Les » municipalités enverront, sous trois mois, à l'assemblée de leur district, un » état raisonné des marais ou terres inondées de leur arrondissement, &c.

» Art. 2. Les assemblées de département communiqueront ces états, et les » mémoires qui leur auront été adressés, à toutes personnes qui voudront en » prendre connaissance, &c.

» Art. 3. Lorsqu'une assemblée de département aura déterminé....de faire

» exécuter le desséchement d'un marais .... le propriétaire de ce marais sera
» requis de déclarer .... s'il veut le faire dessécher lui-même, le temps qu'il
» demande pour l'opérer, et les secours dont il a besoin pour cette entreprise, &c.

DÉCRET du 26 décembre 1790. « L'Assemblée nationale, considérant que le
» moyen de donner à la force publique tout le développement qu'elle peut
» acquérir, est de mettre en culture toute l'étendue du territoire;

» Considérant qu'il est de la nature du pacte social que le droit sacré de pro-
» priété particulière, protégé par les lois, soit subordonné à l'intérêt général;

» Considérant &c. &c. décrète:

» Art. 1.ᵉʳ Les assemblées de département et leurs directoires s'occupe-
» ront des moyens de faire dessécher les marais, les lacs et les terres de
» leur territoire habituellement inondées, dont la conservation dans l'état actuel
» ne serait pas jugée plus utile au bien général, et d'une utilité préférable au
» desséchement, &c.

» Art. 2. Les municipalités enverront l'état raisonné des marais ou terres
» inondées de leur arrondissement.

» Art. 3. Les états et mémoires .... seront communiqués à toutes personnes
» qui voudront en prendre connaissance, &c.

» Art. 4. Le propriétaire du marais sera requis de déclarer s'il veut le faire
» dessécher lui-même, &c.

» Art. 5. Si les propriétaires renoncent à faire dessécher...., le directoire
» de département fera exécuter &c. »

Les autres articles de ce décret règlent les formalités, les obligations, les
droits des propriétaires, des administrations, &c.

DÉCRET du 10 juin 1793, sect. IV. « Art. 7. Les partages faits ... sont main-
» tenus, ainsi que lespossesseurs des terrains desséchés et défrichés aux termes et
» en exécution de l'édit et de la declaration des 14 juin 1764 et 13 avril 1766. »

LOI du 4 pluviôse an 6. Cette loi est relative à l'entretien des marais desséchés
dans les départemens de la Vendée, des Deux-Sèvres et de la Charente-Infé-
rieure.

LOI du 4 messidor an 6. Elle est relative aux terrains desséchés et défrichés dans la ci-devant province de Languedoc.

LOI du 3 frimaire an 7, art. 3.

LOI du 16 septembre 1807. Dernière loi sur cette matière.

CHAPITRE V.

Rizières.

DISPOSITIONS DES LOIS DU PIÉMONT.

ÉDIT *du duc Charles-Emmanuel Ier, en date du 28 juillet 1608.* Il défend de semer le riz le long des chemins, à une distance de moins de deux cents toises [400 mètres]. (Le préambule de cet édit indique que cette culture était très-étendue déjà et reconnue nuisible.)

ÉDIT *du même prince, du 7 octobre 1608.* Il défend, sous peine d'une amende de cinq cents écus d'or, à qui que ce soit, de semer du riz, sans en avoir obtenu une permission spéciale signée de la main du prince, scellée du grand sceau de l'État, et aux conditions suivantes :

1.º Qu'il fût prouvé que les terrains qu'on y destinerait ne fussent susceptibles d'aucune autre culture ;

2.º Qu'ils fussent éloignés d'une lieue et demie [6 kilomètres] de tout village, et de deux cents toises [400 mètres] des chemins publics ;

3.º Qu'il y eût au préalable le consentement des deux tiers des chefs de famille des communes sur le territoire desquelles on se proposait de semer le riz ;

4.º Que le concessionnaire s'obligeât de faire et entretenir les canaux, fossés, ponts nécessaires à l'écoulement des eaux et au passage, et d'être responsable de tout dommage qui pourrait s'ensuivre ;

5.º Que les permissions fussent sujètes à l'entérinement ou homologation de la chambre des comptes.

Il était ordonné au grand chancelier de l'État de n'admettre aucune permission qui ne serait pas revêtue des conditions susdites, et à la chambre d'en refuser l'entérinement et de poursuivre les contrevenans.

Le même édit défendait à tout cultivateur de travailler dans une rizière pour laquelle il n'y aurait pas une permission légale, sous peine de vingt-cinq écus d'or pour la première fois, et des galères pour un temps illimité pour la troisième fois.

Il défendait aussi à tout propriétaire ou concessionnaire d'eau de s'en servir ou de l'affermer pour cet usage, &c.

Le même prince greva les rizières d'un impôt annuel d'un ducaton par journée.

Édit du 4 avril 1622. Il ordonne que les juges des communes, assistés d'un arpenteur, doivent dresser procès-verbal de la quantité d'arpens semée de riz ; et il assujétit au paiement du ducaton les métayers cultivateurs pour leur portion de récolte, et au quart du ducaton les propriétaires de l'eau, pour le quart qu'ils perçoivent des propriétaires des terrains auxquels ils distribuent l'eau.

Édit de Charles-Emmanuel II. Il étend à cinq cents écus d'or l'amende à encourir par ceux qui auraient semé du riz sans permission, double la peine portée précédemment contre les cultivateurs, prescrit le fouet par la main du bourreau contre les femmes qui auraient travaillé dans les rizières, défend à tout individu de fournir du bois et autres matériaux pour la formation des canaux et digues, et permet à tous indistinctement de détruire les rizières qui n'auraient pas été permises dans les formes et conditions prescrites par ses prédécesseurs.

(La chambre, en homologuant cet édit, le trouva trop dur, et réduisit l'amende au tiers ; elle exigea en outre que l'amende contre ceux qui auraient fourni du bois ou des matériaux, n'eût lieu que quand il aurait été prouvé que l'usage que les acheteurs voulaient en faire était à leur connaissance.)

Le 22 avril, même année 1656, le prince permit, pour cette année seulement, que l'on continuât la culture du riz, à condition cependant que les propriétaires des rizières, dans la circonférence de cinq lieues [deux myriamètres et demi] autour de la ville de Turin, devraient nettoyer les fossés, faire les ponts, élever des chaussées, déraciner les arbres, de manière qu'on pût en tout temps passer, soit à pied, soit à cheval.

Le 8 novembre 1660, Charles-Emmanuel II annulle toute permission accordée auparavant pour cultiver ce grain, et prescrit les conditions sous lesquelles on pourrait demander et obtenir à l'avenir de semblables permissions. Ces conditions étaient les suivantes :

1.° Qu'il fût constaté par des experts que les terres étaient absolument incapables de produire toute autre espèce de grains, ni d'être converties en prés ;

2.° Que les rizières fussent éloignées d'une lieue et demie [six kilomètres] de tout bourg ou village, et de deux cents toises [quatre cents mètres] des chemins publics ;

3.° Qu'il y eût l'assentiment des deux tiers des chefs de famille de la commune sur le territoire de laquelle on voulait semer le riz ;

4.° Que les pétitionnaires eussent passé acte de soumission par-devant le juge de l'endroit, de faire écouler les eaux, construire et maintenir les ponts nécessaires pour que les routes et chemins n'en fussent jamais endommagés , et qu'ils se soumissent à payer annuellement l'impôt d'un ducaton par journée.

Un autre édit du même prince, en date du 21 mars 1663, ordonne que les rizières devront être éloignées de trois milles, de mille pas chacun, et le pas de cinq pieds, le pied de quatre palmes , de la ville de Turin ; de deux milles des autres villes , et notamment de celle de Verceil, de trois cent tralenes [trois cent cinquante toises ou sept cents mètres environ] des communes rurales , de soixante-six des maisons éparses dans les campagnes, et de vingt-cinq des routes et chemins.

Le 28 avril 1667, nouvel édit par lequel , sous les peines portées par les lois précédentes, outre la disgrace envers les propriétaires, le prince ordonna la destruction des rizières , et en défendit la culture à perpétuité dans le territoire de Borgaro , Settino , Legui , Caselle , Volpiano (communes du département du Pô).

Le 17 août 1669 , le prince autorisa la chambre des comptes à défendre la culture du riz dans tous ses États en deçà des monts ; et ladite chambre, par un arrêté du 21 août même année , défendit de nouveau les rizières dans les communes susnommées , et dans toutes celles qui seraient éloignées de moins de neuf lieues [quatre myriamètres et demi] de Turin ; elle ordonna la destruction de toutes celles qui avaient été formées depuis l'année 1640 jusqu'en 1659 , et qui n'étaient pas éloignées des bourgs et villages d'une demi-lieue [deux kilomètres et demi] , et indistinctement de celles formées après l'année 1660.

Ces ordres furent renouvelés le 5 juin 1674 ; et les rizières disparurent de la province de Turin et d'Ivrée , et furent reléguées au-delà de la Doire.

Édit du 26 février 1728, par lequel Victor-Amédée I.er absout tous les contrevenans des amendes encourues jusqu'audit jour , et ordonne que dans les provinces de Verceil et de Bielle, qui forment actuellement le département de la Sésia, personne ne puisse cultiver le riz que dans les terrains que l'on aurait pu prouver être cultivés de cette manière en l'année 1710 ; sous peine de la perte de la récolte , et d'une amende de trois cents écus d'or [dix-huit cents francs environ].

(En 1710 , on avait procédé à un arpentement et à l'expertise de ces deux provinces, et les arpenteurs avaient détaillé la quantité de rizières, commune par commune, dans leurs procès-verbaux.)

Dans l'édit du 26 février 1728, les communes où l'on pouvait cultiver le riz sont nominativement désignées; mais dans l'année suivante, par un autre édit en date du 18 août 1729, le souverain voulut restreindre davantage cette nuisible culture, et la défendit entièrement dans douze communes y désignées (dans lesquelles l'édit de 1728 l'avait permise), sous peine d'une amende de deux cents écus d'or [douze cents francs environ]; il accorda en outre l'exemption de tout impôt personnel, pendant dix ans, à tous les cultivateurs qui se seraient transportés avec leurs familles pour repeupler ces terres.

Mais, sur l'avis des intendans, on donna aux riches propriétaires des permissions particulières de cultiver le riz par simple billet du roi. Ces permissions ne furent point soumises à la sanction de la chambre des comptes. Dans le fait elles étaient nulles; mais personne n'osait en provoquer la nullité. Les petits propriétaires et les habitans de la province ont été constamment exclus de la faveur d'obtenir de telles permissions.

Les riches propriétaires obtinrent du roi, en date du 3 mars 1734, un billet adressé aux intendans qui détruisait entièrement l'effet de l'édit de 1729, et permettait la culture des rizières là où elle était permise avant l'année 1710; il réduisit en outre la distance de cette culture des villes, de deux lieues [un myriamètre], à une lieue et demie [six kilomètres]; et des villages, de trois cents toises à deux cents [de six cents à quatre cents mètres].

Ce billet, comme contraire aux lois, était nul; personne n'osait l'attaquer. Les souverains continuèrent à accorder des permissions particulières; ce qui produisit l'effet que l'on cultiva le riz même sans permission.

.... Les procédures considérables contre les contraventions étaient bientôt suspendues par ordre du roi ou des ministres.

En 1755, on fit un nouveau recensement des rizières existantes avec permission; on en trouva trente-deux mille quatre cent vingt-trois arpens, excédant de dix mille environ le recensement fait en 1728.

Depuis l'édit de 1729, on ne trouve plus aucune loi ni acte public relatif aux rizières, jusqu'au 3 août 1792: à cette époque, le roi, par lettres-patentes, défend de former de nouvelles rizières dans les provinces de Novarre, Vigevano, Lomelline (actuellement faisant partie du royaume d'Italie), et dans celles de Verceil et de Bielle (actuellement département de la Sésia), et il oblige tous les propriétaires des rizières de présenter leurs titres de permission.

Cette

Cette loi fut sans cesse violée : dans le département de la *Sésia*, en l'an 9, les rizières, étaient moins éloignées d'une demi-lieue [deux kilomètres et demi], des bornes prescrites de la ville de Verceil ; aucune distance fixe n'était plus observée des villages et maisons rurales, et la quantité des terres semées en riz était double au moins de ce que la loi autorisait.

C'est en vain que l'on s'efforça de faire exécuter, en l'an 10, l'édit royal du 1.er août 1792. Les petits propriétaires obéirent, et reculèrent leurs rizières dans les bornes prescrites par les lois ; mais les grands propriétaires, les riches fermiers, continuèrent à étendre leur culture. Un fermier, condamné par un tribunal de première instance à quinze mille francs d'amende environ, et à la perte de sa récolte, pour punition de ses énormes contraventions, interjeta appel au tribunal criminel d'Alexandrie, et cette affaire en resta là.

CHAPITRE VI.

Étangs.

DISPOSITIONS DES LOIS.

Quelques coutumes déclarent expressément que chacun peut, de son autorité privée, faire des étangs sur son héritage, pourvu qu'il n'entreprenne point sur les chemins, ni sur les droits d'autrui. (C'est la disposition de l'article 179 de la coutume d'Orléans ; tel paraît être l'esprit de l'article 3 du titre XVI de la coutume de Berri.)

On trouve à-peu-près la même décision dans les coutumes de Montargis et du Nivernais.

Quelques coutumes locales dans celles de Blois et de Tours exigent au contraire que l'on demande la permission du seigneur pour former des étangs. (*Coutumes de Vatan*, chap. XVIII, art. 19 ; *de la Ferté-Imbaut*, chap. V, art. 9 et 10 ; *de Menetou-sur-Cher*, chap. V, art. 14 ; *du Tremblai*, chap. II, art. 9, *de Labauche* et *Mézières*).

Plusieurs coutumes attribuent au seigneur bas-justicier une prérogative plus exorbitante : elles lui permettent de submerger les héritages de ses justiciables, afin de donner à son étang une plus grande étendue, pourvu qu'il ait les deux extrémités de la chaussée dans son domaine. Elles l'obligent seulement, dans ce cas, à récompenser préalablement, en héritages de pareille valeur, ceux dont il prend les fonds. (*Anjou*, art. 29 ; *Maine*, art. 34 ; *Touraine*, art. 33.)

H

Les coutumes de Chaumont, Nivernais et Troyes, accordent le même privilége au seigneur haut-justicier seulement; mais l'article 130 de la Marche paraît l'attribuer à tout propriétaire d'étang indistinctement, sans exiger même que la récompense soit en argent.

Dans les coutumes même qui autorisent expressément le seigneur à s'emparer des fonds voisins pour augmenter son étang, il n'a pas pour cela le droit d'empêcher ses censitaires de faire des étangs dans les fonds qu'il ne demande pas pour augmenter son étang; cela a été ainsi jugé par un arrêt du 5 août 1762, confirmatif d'une sentence des requêtes du palais, du 3 décembre 1760. (*Voyez* JACQUET, *des Justices*, livre I.ᵉʳ, chap. XXIV, n.° 25.)

Le propriétaire d'un étang peut suivre son poisson qui a remonté par une crue ou débordement d'eau, jusqu'à l'héritage d'autrui, et même jusqu'à la fosse de l'étang supérieur, et la faire vider dans la huitaine après que les eaux sont retirées, le propriétaire de l'étang ou de l'héritage supérieur étant présent ou dûment appelé: mais on ne peut pas suivre son poisson dans le vivier ou la fosse à poisson d'autrui, si elle est peuplée; on ne peut pas non plus le suivre en descendant, à moins que ce ne fût en pêchant son étang, et que celui qui est au-dessous eût été pêché auparavant. (*Coutume d'Orléans,* art. 171, 172, 173, &c.)

Loi du 30 avril 1790. « Art. 13. Il est libre à tout propriétaire ou possesseur » de chasser ou faire chasser en tout temps dans ses lacs et étangs. »

CHAPITRE VII.

Défrichement des Bois.

DISPOSITIONS DES LOIS.

L'ORDONNANCE des eaux et forêts défend le défrichement, sans permission du roi, dans les forêts royales, &c.

Comme il n'y avait dans cette ordonnance aucune disposition formelle qui défendît aux ecclésiastiques et aux particuliers de défricher leurs bois, il y a été pourvu par différens arrêts du conseil, et particulièrement par ceux des 28 juin 1701, 9 novembre 1703, 7 novembre 1713, 16 mai 1724, 22 juin 1729, 29 mars 1735, 25 février 1749 et 12 octobre 1756.

DÉCRET sur l'administration forestière, des 20 août, 2, 3, 4 et 15 septembre 1791, tit. I.ᵉʳ « Art. 6. Les bois appartenant aux particuliers cesseront d'y

» être soumis, et chaque propriétaire sera libre *de les administrer et d'en dis-*
» *poser à l'avenir comme bon lui semblera.* »

DÉCRET du 9 floréal an 11, tit. I.ᵉʳ *Du régime auquel sont soumis les bois*
des particuliers , sect. I.ʳᵉ *Des défrichemens.* « Art. 1.ᵉʳ Pendant vingt-cinq
» ans, à compter de la promulgation de la présente loi, aucun bois ne pourra
» être arraché et défriché que six mois après la déclaration qui en aura été faite
» par le propriétaire, devant le conservateur forestier de l'arrondissement où le
» bien sera situé.

» Art. 2. L'administration forestière pourra, dans ce délai, faire mettre oppo-
» sition au défrichement du bois, à la charge d'en référer au ministre des
» finances, &c.

» Art. 3. En cas de contravention, le propriétaire sera condamné, 1.º à
» remettre une égale quantité de terrain en nature de bois, 2.º à une amende,
» qui ne pourra être au-dessus du cinquantième ni au-dessous du vingtième de
» la valeur du bois arraché.

» Art. 4. Faute par le propriétaire d'effectuer la plantation ou le semis dans
» le délai qui lui sera fixé, après le jugement, par le conservateur, il y sera
» pourvu à ses frais par l'administration forestière.

» Art. 5. Sont exceptés des dispositions ci-dessus, les bois non clos, d'une
» étendue moindre de deux hectares, lorsqu'ils ne seront pas situés *sur le sommet*
» *ou sur la pente d'une montagne* , et les parcs ou jardins clos de murs, de haies
» ou fossés , attenant à l'habitation principale.

» Art. 6. Les semis et plantations de bois des particuliers ne seront soumis
» qu'après vingt ans aux dispositions portées à l'article 1.ᵉʳ et suivans. »

Quant aux bois des *communes,* des *hospices* et des *établissemens publics,* la
loi du 15—29 septembre 1791 les soumet à l'administration forestière, et
par-là maintient suffisamment la défense de les défricher sans la permission
du Gouvernement.

Ils sont, par l'arrêté du Gouvernement du 24 ventôse an 11, assimilés en
tout point aux bois nationaux.

CHAPITRE VIII.

Maladies des Bestiaux.

DISPOSITIONS DES LOIS.

Tous les arrêts suivans sont relatifs aux précautions à prendre contre les animaux attaqués de maladies, &c. :

Arrêt de la cour du parlement de Paris, du 24 mars 1745.

Arrêt de la même cour, du 1.er avril 1745.

Arrêt de la même cour, du 2 avril 1745.

Du 8 juin 1745, ordonnance de M. l'intendant de la généralité de Paris, relative à la morve.

Du 19 juin 1745, ordonnance de police sur les vaches attaquées de maladies, &c.

Arrêt du conseil d'état, du 19 juin 1746, en seize articles.

Arrêt du même conseil, du 31 janvier 1771, en dix-sept articles.

Arrêt du même, du 18 décembre 1774.

Arrêt du même, du 1.er novembre 1775.

Arrêt du conseil d'état, du 16 juillet 1784.

Loi des 28 septembre-6 octobre 1791, tit. I.er « Art. 19. Aussitôt qu'un pro-
» priétaire aura un troupeau malade, il sera tenu d'en faire la déclaration à la
» municipalité; elle assignera sur le terrain du parcours ou de la vaine pâture, si
» l'un ou l'autre existe dans la paroisse, un espace où le troupeau malade pourra
» pâturer exclusivement, et le chemin qu'il devra suivre pour se rendre au pâ-
» turage : si ce n'est point un pays de parcours ou de vaine pâture, le proprié-
» taire sera tenu de ne point faire sortir de ses héritages son troupeau malade.

» Art. 20. Les corps administratifs emploieront particulièrement tous les
» moyens de prévenir et d'arrêter les épizooties et la contagion de la morve
» des chevaux.

Tit. II. « Art. 23. Un troupeau atteint de maladie contagieuse, qui sera
» rencontré au pâturage sur les terres du parcours ou de la vaine pâture, autres
» que celles qui auront été désignées pour lui seul, pourra être saisi par les
» gardes champêtres, et même par toute personne; il sera ensuite mené au
» lieu de dépôt, qui sera indiqué à cet effet par la municipalité.

» Le maître de ce troupeau sera condamné à une amende de la valeur d'une

» journée de travail par tête de bête à laine, et à une amende triple par tête
» d'autre bétail.

» Il pourra en outre, suivant la gravité des circonstances, être responsable
» du dommage que son troupeau aurait occasionné, sans que cette respon-
» sabilité puisse s'étendre au-delà des limites de la municipalité.

» A plus forte raison, cette amende et cette responsabilité auront lieu si ce
» troupeau a été saisi sur des terres qui ne sont point sujètes au parcours ou
» à la vaine pâture. »

ARRÊTÉ du Directoire exécutif, du 27 messidor an 5. Il ordonne l'exécution
des mesures destinées à prévenir la contagion des maladies épizootiques. Ces
mesures forment l'objet d'une instruction du ministre de l'intérieur, en date
du 23 messidor an 5.

Le ministre dit : « Cet objet étant de la plus grande importance, et les
» moyens de police étant les seuls capables d'empêcher la communication, j'ai
» cru qu'il était de mon devoir de rappeler l'esprit des lois et réglemens rendus
» en pareille circonstance et qui n'ont point été abrogés. Je n'ai eu qu'à con-
» cilier les dispositions de ces lois avec l'ordre constitutionnel. J'y ajouterai
» une courte instruction sur la manière reconnue comme la plus propre à
» prévenir cette maladie et à la guérir dans les animaux affectés. »

Mesures de police pour arrêter la communication. — « Tout propriétaire ou
» détenteur de bêtes à cornes, à quelque titre que ce soit, qui aura une ou
» plusieurs bêtes malades ou suspectes, sera obligé, sous peine de cinq
» cents livres d'amende, d'en avertir sur-le-champ l'agent de la commune,
» qui les fera visiter par l'expert le plus prochain, ou par celui qui aura été
» désigné par le département ou le canton. *(Arrêt du parlement, du 24 mars*
1745; Arrêt du conseil, du 19 juillet 1746, art. 3 *; autre du 16 juillet 1784,*
art. 1.er *)*

» Lorsque, d'après le rapport de l'expert, il sera constaté qu'une ou plusieurs
» bêtes seront malades, l'agent veillera à ce que ces animaux soient séparés des
» autres, et ne communiquent avec aucun autre animal de la commune. Les pro-
» priétaires, sous quelque prétexte que ce soit, ne pourront les faire conduire
» dans les pâturages ni aux abreuvoirs communs, et ils seront tenus de les
» nourrir dans des lieux renfermés, sous peine de cent francs d'amende. » *(Arrêt*
du conseil, du 19 juillet 1746, art. 2. *)*

Toutes les autres mesures, en grand nombre, que prescrit le ministre, sont appuyées de quelques dispositions des arrêts de 1745, 1746 et autres; et il termine son instruction par indiquer,

1.° Le caractère de la maladie ;

2.° Les causes de la maladie ;

3.° Son traitement ;

4.° Les moyens de désinfecter les étables.

Le Directoire exécutif, vu cette instruction......., arrête qu'elle sera insérée au Bulletin des lois, et charge les administrations de veiller à l'exécution des mesures et des dispositions qui y sont contenues.

Maladies redhibitoires.

Suivant le droit romain, l'acquéreur trompé avait trois actions pour obtenir la réparation du tort qu'il avait souffert: l'action *exempte*, qui tendait à obtenir tous ses dommages-intérêts, lesquels, cependant, ne pouvaient excéder le double du prix *(Loi uniq. C. de sent. quæ pr.)* ; l'action *redhibitoire*, pour faire annuller la vente, quand le vice de la chose était tel que l'acquéreur ne l'aurait pas achetée s'il l'avait connu ; et l'action *estimatoire*, qui laissait subsister la vente, mais obligeait le vendeur à restituer la moins-value.

Ces deux dernières actions font la matière et le sujet du D. *de edilitio edicto*, rempli de maximes de droiture et d'équité. *(Loi LVII hîc, l. 16 D. de minor.)*

Parmi nous, et même chez les Romains, les vices redhibitoires s'entendaient principalement de ceux des animaux et des autres choses mobilières.

Le vendeur n'est point tenu des vices apparens, &c. *(Loi I, §. 6 hîc; Code Napoléon, article 1642.)*

Le vendeur est tenu des vices cachés, &c. *(Loi I, §. 2 hîc, L. XIV hîc; Code Napoléon, art. 1643.)*

Si le vendeur ignore les vices...., il n'est tenu qu'à la restitution du prix, &c. *(Loi XIII, D. de act. empt. &c. Code Napoléon, art. 1645 et 1646.)*

Les lois romaines donnaient six mois pour l'action redhibitoire, et un an pour l'action estimatoire *(L. XIX hîc)*. Le *Code Napoléon* renvoie à l'usage des lieux; mais cet usage varie singulièrement. POTHIER dit que la durée de l'action pour les vices des chevaux et vaches, était à Orléans de quarante jours; BASNAGE en dit autant pour la Normandie; BRODEAU dit qu'à Paris cette action ne dure que neuf jours; et COQUILLE, que, suivant la coutume de Bourbonnais, elle ne durait que huit jours, et que c'est le droit commun.

Il y a certains vices qui demandent des exceptions à cette règle: par exemple, un cheval lunatique a pu être vendu le lendemain du jour où il voit; le vice ne reparaîtra qu'un mois après. On a quelquefois jugé, dans ce cas, que la prescription ne commençait que de cette dernière époque; aussi la loi XLV *hic* dit-elle, *ex quo patet vitium.*

Le Code Napoléon n'a point spécifié les vices qui donnent lieu à l'action redhibitoire : en effet, les coutumes et les usages varient à cet égard. On tient communément que, pour les chevaux, il y a trois vices qui produisent cet effet, la *morve*, la *pousse* et la *courbature*; BASAGNE ajoute le *tic*; et le vice lunatique a été aussi admis dans quelques tribunaux. *(V.* l'art. 40 de la *Coutume de Normandie*, relativement aux *vices redhibitoires des brebis, vaches et pourceaux.)*

Les lois romaines admettent en général pour vice redhibitoire tout ce qui rend la chose impropre à l'usage pour lequel elle est destinée. *(* Loi *hic*, à l'égard des bêtes de somme, la loi I, §. 8, liv. 19, ff. *de dolo*, la loi XVIII *hic*, liv. 19.*)*

CHAPITRE IX.

Pêche.

DISPOSITIONS DES LOIS.

LA pêche qui se fait en plusieurs mers et sur les grèves, est toujours demeurée libre à tout le monde, suivant le droit des gens. L'ordonnance du mois d'août 1681 l'a déclarée libre à tous les sujets du roi; mais elle ne l'autorise dans les mers qui avoisinent la domination française qu'avec les filets permis. Les réglemens concernant la pêche maritime sont contenus dans l'ordonnance de 1681, liv. V; dans celle de mars 1702; dans les déclarations des 23 avril, 2 septembre et 24 décembre 1726, 18 mars 1727, 18 décembre 1728, et dans différens arrêts du conseil, qui déterminent le temps des différentes pêches, les filets et autres engins qui peuvent y être employés, et les devoirs que doivent remplir les pêcheurs.

Le droit de pêche dans les fleuves et rivières navigables appartient en France au roi seul, parce que leur propriété lui appartient également.

Les anciennes ordonnances permettaient à chacun de pêcher à la ligne dans les fleuves et rivières navigables, parce que cela n'était regardé que comme un amusement: mais les abus ont donné lieu à ce qu'il n'est plus permis de pêcher, même à la ligne, dans les fleuves et rivières navigables et autres eaux qui appartiennent au roi, à moins d'être fondé en titre spécial, ou d'être reçu maître pêcheur , &c.

Les ordonnances défendent toute espèce d'engins, harnais de pêche, &c., qui tendent au dépeuplement des rivières.

L'ordonnance de 1669 défend, sous peine de punition corporelle, de jeter dans les rivières aucune chaux, noix vomique, coque de Levant, momie et autres drogues ou appâts.

La pêche dans les ruisseaux et rivières non navigables appartient au seigneur dans le territoire duquel ils coulent, dans les pays de droit écrit; et dans quelques coutumes, telles que celles de Bourbonnais, Anjou et Tours, la pêche est attribuée au seigneur haut-justicier, à l'exclusion du seigneur de fief. Mais dans les coutumes qui n'ont pas de pareille disposition, on regarde le droit de pêche comme un droit de fief, dont doit jouir le seigneur féodal du cours d'eau, quoique la justice appartienne à un autre seigneur.

DÉCRET du 7 septembre 1790. « Art. 7....... Les juges de district auront » aussi l'exécution des réglemens concernant les bois des particuliers et la po- » lice de la pêche, et, dans tous les cas, entendront le commissaire du roi. »

DÉCRET relatif aux droits féodaux, du 25 août 1792. « Art. 2. Toute pro- » priété foncière est réputée franche et libre de tous droits, tant féodaux que » censuels, si ceux qui les réclament ne prouvent le contraire dans la forme » qui sera prescrite ci-après.

» Art. 5....... Tous les droits seigneuriaux ou censuels conservés ou » déclarés rachetables par les lois antérieures, quelle que soit leur nature.... » sont abolis sans indemnité, à moins qu'ils ne soient justifiés avoir pour cause » une concession primitive de fonds, &c. &c. »

DÉCRET du 6 juillet 1793. « La Convention nationale, sur une pétition... » tendant à faire décreter l'abolition du droit exclusif de pêche, prétendu par » des ci-devant seigneurs, et la permission à chacun de pêcher le long de ses » héritages, passe à l'ordre du jour, motivé sur les art. 2 et 5 du décret du » 25 août 1792, &c. »

DÉCRET du 30 juillet 1793. « La Convention nationale, après avoir entendu » la lecture d'une délibération prise par l'administration du département de la » Charente le 20* de ce mois, qui réfère à la Convention nationale la question » de savoir si le droit de pêche est compris dans l'abolition générale des droits » féodaux, et sur la proposition d'un membre, passe à l'ordre du jour, motivé
» sur

» sur ce que les droits exclusifs de pêche et de chasse étaient des droits
» féodaux, abolis par les lois précédentes comme tous les autres. »

AVIS du Conseil d'état, approuvé le 30 pluviôse an 13. « Le Conseil d'état
» considérant &c. . . . . . . , est d'avis . . . . . . que la pêche des rivières non
» navigables ne peut, dans aucun cas, appartenir aux communes ; que les
» propriétaires riverains doivent en jouir, sans pouvoir cependant exercer ce droit
» qu'en se conformant aux lois générales ou réglemens locaux, ni le con-
» server lorsque par la suite une rivière réputée non navigable deviendra
» navigable, et qu'en conséquence tous les actes de l'autorité administrative
» qui auraient mis des communes en possession de ce droit, doivent être
» déclarés nuls. »

ARRÊTÉ du Directoire exécutif, du 28 messidor an 6. Il ordonne l'exécution
de l'ordonnance de 1669, en ce qui est relatif à la police de la pêche, &c.

LOI du 14 floréal an 10. Elle est relative à la location du droit de pêche
dans les fleuves et rivières navigables, &c.

ARRÊTÉ du 17 nivôse an 12. Il ordonne l'exécution, selon sa forme et
teneur, de l'article 14 du titre V de la loi du 14 floréal an 10, &c.

CHAPITRE X.

Chasse.

DISPOSITIONS DES LOIS.

SUIVANT le *droit naturel*, la chasse était libre pour tous les hommes ; mais le
droit civil de chaque nation a apporté des restrictions à cette liberté indéfinie.

Solon, voyant que le peuple d'Athènes négligeait les arts mécaniques pour
s'adonner à la chasse, la lui défendit ; défense qui fut depuis méprisée.

Chez les Romains, chacun pouvait chasser, soit dans son fonds, soit dans
celui d'autrui ; mais il était libre au propriétaire de chaque héritage d'empêcher
qu'un autre particulier n'entrât dans son fonds, soit pour chasser ou autrement.

En France, dans le commencement de la monarchie, la chasse était libre
comme chez les Romains.

La loi salique cependant contenait plusieurs réglemens sur la chasse.

Aucune loi ne restreignait alors la liberté de la chasse ; car la loi salique
semble supposer qu'elle était encore permise à toute sorte de personnes indistinctement.

I

On ne voit pas précisément en quel temps la liberté de la chasse commença d'être restreinte à certaines *personnes* et à certaines *formes*.

Cependant, dès le temps de la première race de nos rois, le fait de la chasse dans les forêts du roi fut un crime capital.

Sous la deuxième race, on voit Charlemagne enjoindre aux forestiers de bien garder *les forêts de l'État*.

Vers la fin de la deuxième race et au commencement de la troisième, les gouverneurs des provinces et des villes s'étant attribué la propriété de leurs gouvernemens, continuèrent à tenir les forêts et les autres terres de leurs seigneuries en défense par rapport à la chasse, comme elles l'étaient lorsqu'elles appartenaient au roi. Il était défendu alors aux roturiers, sous peine d'amende, de chasser dans les garennes du seigneur; c'est ainsi que s'expliquent les Établissemens de Saint-Louis, faits en 1270 : on appelait *garenne* toute terre en défense.

Il était encore défendu, en 1371, tant aux nobles qu'aux roturiers, de chasser dans *les forêts du roi* et sur *les terres d'autrui en général;* mais on ne voit pas qu'il fût défendu, soit aux nobles, soit aux roturiers, de chasser sur leurs propres terres.

Dans le cours du quatorzième siècle, on trouve plusieurs permissions de chasse accordées aux habitans de certaines provinces, à condition qu'ils donneraient au roi quelque partie des animaux qu'ils auraient tués à la chasse.

Charles VI ayant accordé beaucoup de permissions aux particuliers, voyant que ses forêts étaient dépeuplées, ordonna que dorénavant aucune permission ne serait valable, si elle n'était signée du duc de Bourgogne. En 1396, il défendit expressément aux non-nobles de chasser à aucune bête grosse ou menue, ni oiseau, en garenne ni dehors : cette défense fut suivie de plusieurs autres en 1515, en 1523, 1578, 1601 et 1607. Ces deux derniers réglemens, et le titre XXX de l'ordonnance des eaux et forêts de 1669, formaient les principales lois qu'on suivait avant 1789 sur cette matière.

D'après les dispositions que renferment tant les anciennes ordonnances que les nouvelles, on tenait pour maxime que parmi nous le roi avait seul le droit primitif de chasse, que tous les autres tenaient ce droit de S. M., soit par inféodation, soit par concession, et qu'elle pouvait le restreindre à son gré.

(Le droit de chasse est encore considéré aujourd'hui comme un droit que le souverain peut accorder, modifier ou retirer ; et de là l'article 715 du Code Napoléon : la faculté de chasser est réglée par des lois particulières.)

L'article 26 du titre XXX de l'ordonnance des eaux et forêts et l'article 14 ont accordé aux seigneurs . . . . . le droit de chasse dans l'étendue de leurs hautes justices, &c.

Dans la plupart des provinces, le droit de chasse des seigneurs de fiefs avait plus d'étendue que celui des seigneurs hauts-justiciers.

D'après un arrêt du conseil, du 20 janvier 1761, les gentilshommes ne pouvaient pas plus que les roturiers chasser sur leurs propres héritages, lorsqu'ils n'en étaient pas seigneurs féodaux ou hauts-justiciers : ainsi décidé par un arrêt en dernier ressort du 6 mai 1780, rendu par les juges des eaux et forêts de France, au siége général de la table de marbre du palais, à Paris.

Il était défendu à tout gentilhomme et autre ayant droit de chasse, de chasser dans les terres ensemencées, depuis que le blé est en tuyaux jusqu'après la moisson, et dans les vignes depuis le 1.er mai jusqu'après les vendanges.

Il y avait des parlemens dans le ressort desquels il était permis aux seigneurs de chasser dans les enclos de leurs censitaires et de leurs justiciables.

La question de savoir si un gentilhomme qui fait lever du gibier dans sa haute justice, peut le poursuivre et le tuer sur une autre seigneurie, a été vivement agitée, et résolue diversement ; cependant, avant 1789, la négative était de principe : il y avait, avant cette époque, quelques autres règles relatives à l'exercice du droit de chasse.

L'ordonnance de 1669 porte diverses amendes et peines contre les contrevenans aux réglemens des chasses, ainsi que l'ordonnance du mois de juin 1601. (*Voyez* les articles 2, 4, 13, 16, 18, 28, 34 du titre *des Chasses* de la première de ces ordonnances, et les articles 2, 12, 13, 14, 15, 16, 17, 18, 19, 20, 21, 22, 23 de la seconde.)

La Flandre, l'Artois, le Hainaut et le Cambrésis avaient des lois sur la chasse qui leur étaient particulières. (*Voyez le Répertoire de jurisprudence* de M. MERLIN, tome II, art. *Chasse.*)

La Lorraine en avait aussi qui lui étaient particulières.

La chasse du loup, vu son importance, a donné lieu à une législation qui lui est propre. (*Voyez Répertoire de jurisprudence* de M. MERLIN, tome II, art. *Chasse.*)

Loi du 11 août 1789. « Art. 3. Le droit exclusif de la chasse et des garennes » ouvertes est aboli, &c. Tout propriétaire a le droit de chasser sur ses pos- » sessions, &c. »

Loi du 28-30 avril 1790. Elle règle l'exercice du droit de chasse. (Cette loi est muette sur la question de savoir si un propriétaire qui a fait lever du gibier sur son terrain, peut le suivre sur le terrain d'autrui; mais la négative est évidemment dans l'esprit de cette loi.)

ARRÊTÉ du Directoire exécutif, en date du 28 vendémiaire an 5. Cet arrêté interdit la chasse dans les forêts nationales.

ARRÊTÉ du Directoire exécutif, du 19 pluviôse an 5. Il ordonne la chasse des animaux nuisibles dans les forêts nationales, &c.

LOI du 10 messidor an 5. Elle est relative à la destruction des loups; et elle accorde des primes d'encouragement de cent cinquante, cinquante, quarante, vingt francs, à ceux qui tueront. . . . ces animaux. Les administrations de département ordonnancent ces récompenses.

ORDONNANCE du 14 juillet 1716 sur le port d'armes. Elle défend à tous les sujets du roi de porter des armes de quelque espèce qu'elles soient, à peine de dix livres d'amende pour la première fois, de cinquante livres pour la deuxième, outre un mois de prison et la confiscation des armes. Mais les gentilshommes, les gens vivant noblement, &c. ne sont point compris dans la prohibition.

DÉCLARATION du 23 mars 1728. Elle fait défense de porter sur soi aucun couteau, pointes, baïonnettes, pistolets ou autres armes offensives, cachées et secrètes, &c., à peine de cinq cents livres d'amende et de six mois de prison. (Ces lois ne sont point abrogées, et sont encore obligatoires, partant du principe consacré par la loi du 21 septembre 1792, que toutes les lois non abrogées sont maintenues, et de la loi du 22 juillet 1791, qui dit, titre IV, art. 46, qu'il appartient aux municipalités de publier de nouveau les lois et réglemens de police, ou de rappeler les citoyens à leur observation.)

DÉCRET impérial du 2 nivôse an 4. « Toute personne qui serait trouvée » porteur de fusil ou pistolet à vent, sera poursuivie et traduite devant les tri- » bunaux correctionnels, pour y être jugée et condamnée conformément à » la déclaration du 23 mars 1728. »

DÉCRET impérial du 12 mars 1806. « La déclaration du 23 mars 1728, » concernant le port d'armes, sera imprimée et exécutée conformément au » décret du 2 nivôse dernier. »

Instructions aux préfets sur le port d'armes, par le ministre de la police, en date du 7 vendémiaire an 13, et celle du 6 mai 1806.

TABLE.

TITRE I.er

De la Propriété rurale considérée pour chaque Propriétaire
seulement.

TITRE II.

De la Propriété rurale considérée pour tous les Propriétaires
entre eux.

TITRE III.

De la Propriété rurale relativement au Gouvernement.

FIN DE LA TABLE.

Bibliothèque nationale de France - Paris

1/11

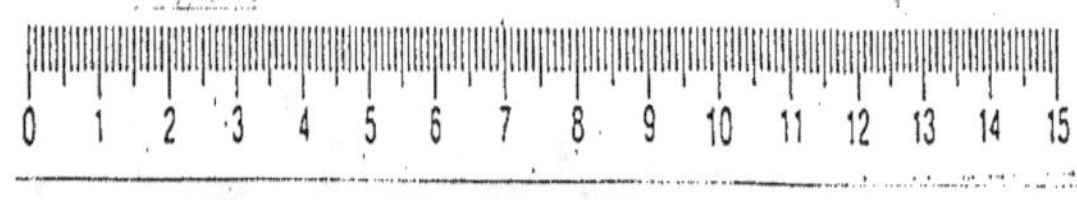

Atelier de reproduction-MLV

MARS 2009